W0316060

PSYCHANALYSE DE LA CHANSON

PHILIPPE GRIMBERT

PSYCHANALYSE DE LA CHANSON

LES BELLES LETTRES / ARCHIMBAUD

1996

L'INCONSCIENT À L'ŒUVRE

La psychanalyse n'est pas une discipline close, et c'est parce qu'elle touche à tous les domaines de la vie que ses questionnements sont porteurs d'interrogations fécondes. La collection « L'Inconscient à l'œuvre » abordera l'ensemble des enjeux de l'inconscient aujourd'hui : entre les créateurs et leurs créations, entre les spectateurs d'une œuvre et celle-ci, entre l'individu et ses groupes de rattachement, dans les pratiques individuelles et collectives. Le *lien social* s'y révélera dans tous les cas essentiel à la compréhension du *fait psychique individuel.*

Déjà paru

Nicholas Rand et Maria Torok,
Questions à Freud. Du devenir de la psychanalyse.

Tous droits de traduction, de reproduction et d'adaptation réservés pour tous les pays

© *1996, Les Belles Lettres, 95, bd Raspail, 75006 Paris.*

ISBN : 2-251-74301-4

Autrefois
Doucement follement rapidement paisiblement
heureusement et tristement
la musique jouait
la musique chantait
jouait et chantait des airs d'hier déjà nouveaux
et puis les déjà très vieux airs
d'un très vieil aujourd'hui
des airs de demain soir
et puis d'hier matin...
Autrefois la musique jouait
la musique chantait
gaiement et désespérément
simplement
Il n'y avait pas encore
de notes de solfège
ni de lettres d'alphabet

Jacques Prévert, *Tour de chant*

Pour Aleth, Laure et Carine

I

Si tu reviens jamais danser chez Temporel,
Un jour ou l'autre...

L’œil vert

Dans l’obscurité de la pièce un œil s’est allumé. D’un vert opalescent son iris s’étire, se dilate lentement autour de la pupille. Ramassé sur lui-même l’œil semble se nourrir d’une chaleur mystérieuse, électrique, qui en intensifie la couleur tandis qu’il accommode. Il fixe les occupants de la pièce : un couple de personnes âgées, un petit garçon qui lit dans un fauteuil, un chien noir et blanc roulé en boule dans le nid d’un édredon. Le silence des lieux n’est troublé que par un cliquetis d’aiguilles, un froissement de pages tournées, le grésillement à peine audible d’une cigarette. Lorsque enfin l’œil atteint sa forme parfaite, émeraude percée d’un noir insondable, la voix nasillarde d’un présentateur annonce un programme musical : « Chers auditeurs, veuillez écouter maintenant... »

Le tricot reste alors suspendu entre les mains de la grand-mère et le petit garçon pose son illustré sur ses genoux pendant qu’une voix connue s’étire sur le lit d’un orchestre invisible, entonnant un refrain : c’est une chanson, le poste la diffuse, elle remplit la pièce de sa mélodie familière. Une chanson que l’on a déjà entendue plusieurs fois et qui se déroule, identique à elle-même, produisant à chaque écoute le même plaisir, bref et achevé. Les aiguilles ont repris leur va-et-vient, la voix de la grand-mère accompagne celle de la chanteuse de la radio et comme à l'accoutumée l'harmonie est troublée par le grand-père qui marmonne : « Ah, celle-là je ne l'aime pas ! », ce qui fait rire le petit garçon.

Au-dessus de l'œil magique qui a capté l'onde d'un lointain émetteur, se déploie un petit théâtre. Un rideau d'étoffe mordorée cache le haut-parleur, il est encadré de colonnes illuminées, il fait penser aux ors de ces cinémas de quartier aujourd'hui disparus, le Royal Monceau, le Régent, l'Artistic ou le Météor. A l'entracte, après que le rideau de réclames fut relevé, on annonçait l'attraction, un montreur de chiens, un prestidigitateur ou le plus souvent un chanteur, à qui le public faisait un gentil succès. Le petit garçon a gardé le souvenir d'un nommé Félix Paquet qui faisait reprendre à la salle en joie *A Joinville-le-Pont, pon, pon !,* et qui balançait ses bras en mesure sur la scène du Palais du parc.

Sur une plaque de verre se déploie un éventail de noms brillants : Berlin, Londres, Rome, Le Caire, traversés par la verticale d'une aiguille. Quand on s'amuse à la déplacer on obtient un tissu chamarré de voix, entrelacé de sifflements aigus, et le grésillement recouvrant ces émissions étrangères fait rêver à l'espace qu'elles ont dû parcourir avant de se poser là, au cœur du poste de T.S.F., dans ce petit pavillon de banlieue.

Au bout de quelques instants, comme il aime à le faire, le petit garçon s'approchera et collera son nez au dos du gros poste pour se griser du parfum de la bakélite chauffée par les ampoules aveugles garnissant l'intérieur du récepteur. S'il le pouvait — le désir lui en vient parfois — il percerait délicatement d'une épingle l'œil vert qui le fascine pour en recueillir sur ses doigts la sève fluorescente.

Dans l'imaginaire du petit garçon cet œil de cyclope est l'organe vital de la T.S.F., il en est le cœur mais aussi le nombril, la bouche et — pourquoi pas — l'oreille, attentive aux paroles échangées, aux refrains repris en chœur par la famille qui fait cercle autour : l'œil chante, palpite, mais il écoute, aussi. Sur la boucle qui sort de sa pupille et y fait retour voyagent les voix des speakers à la diction si particulière, les informations du journal parlé, les jeux radiophoniques, les feuilletons. Mais avant tout, comme sur la scène du cinéma de quartier, cheminent sur la boucle les chansons du jour, ces chansons qui naissent dans le grand poste familial et y retournent, vivant ainsi leur petit destin de chanson : venir au jour, être ou non reconnues ou fêtées, disparaître à jamais ou continuer de chanter dans le souvenir de ceux qui les ont aimées...

Les éclats de rire du public de *Cent francs par seconde* se sont éteints et le speaker annonce une émission musicale où vont être comparés les mérites respectifs des deux divas milanaises dont la rivalité alimente les gazettes. « Qui tu préfères ? » demandera le lendemain le petit garçon à ses camarades du parc, « la Callas ou la Tebaldi ? », se posant la question de savoir comment les adultes ont pu faire une différence entre ces deux voix, pour lui indissociables dans leurs sonorités d'instruments à cordes.

Mais ce que l'enfant attend avec impatience, dans

ces années cinquante, c'est Line Renaud et son *Petit chien dans la vitrine* dont le refrain est ponctué : « Ouah ! Ouah ! », par les aboiements de l'animal. Ce qu'il aime aussi c'est le *Docteur Miracle*, dans sa « petite auto », peut-être parce qu'il lui semble un peu inquiétant, à l'image du docteur du dispensaire, quand ce dernier lui plaque sur la poitrine un stéthoscope glacé. « Toi, ma p'tite folie, mon petit grain de fantaisie » reste pour lui une énigme : grain de café ou grain de beauté ? De même est-il toujours perplexe quand il entend : « Mon paternel, qui n'avait pas les pieds plats, m'a appris le shimmy, les claquettes et caetera... » Pieds plats ; shimmy ; claquettes ? Il ne veut pourtant pas d'explications, il préfère que ces mots lui résistent, comme ceux d'une langue étrangère. *Un enfant de la balle,* titre de la chanson, lui semble moins mystérieux : il s'agit sans aucun doute d'un jeune jongleur !

Il est en vacances à quelques kilomètres de la capitale, tout près de ce Joinville chanté par le fantaisiste à l'entracte du Palais du parc, mais quand il entend dans le poste de ses grands-parents Jacqueline François et sa *Mademoiselle de Paris*, *A Paris*, entonné par la voix cordiale de Francis Lemarque ou *Un gamin de Paris*, par Mick Micheyl, il se sent soudain bien loin de ses parents qui travaillent, là-bas. Curieusement, ce qui lui revient alors, à l'évocation de ce Paris chanté, c'est, exhalée par ses bouches de bronze, l'haleine capiteuse du métro.

Grand-mère adore Luis Mariano, grand-père aime Tino Rossi, mais celui que le petit garçon préfère c'est André Claveau quand il chante *Domino,* sans doute parce que c'est le jeu de la veillée et qu'il y tire plus qu'à son tour le double-six.

Parfois une voix acide retentit dans le poste et grand-mère alors lève l'index, le sourire aux lèvres : « Écoute ! » Couverte de crachottements, roulant les « r » et savourant, gourmande, chacun des couplets de sa chanson, cette voix chargée d'ironie vient de loin. Quand grand-mère l'entend, elle rajeunit ; éclaboussée par les feux de la rampe elle chante, et les mots ricochent dans sa bouche comme des cailloux :

Madame Arthur est une femme
Qui fit parler, parler, parler d'elle longtemps,
Sans journaux, sans rien, sans réclame,
Elle eut une foule d'amants !

Quand l'heure du coucher est venue et que d'un tour de bouton grand-père fait s'éteindre l'œil magique, l'enfant emporte dans son sommeil la voix d'Yvette Guilbert, les accents joyeux d'une polka interprétée par une chorale de chiens, puis une valse viennoise exécutée par un ensemble d'avertisseurs automobiles. Sans doute va-t-il aussi rêver du *Jardin extraordinaire* de Charles Trenet, ce jardin qui pour lui ne peut être que le parc du Saut-du-Loup, où tout l'après-midi il a joué avec ses camarades aux cow-boys et aux Indiens et où il a bavardé, comme le poète, avec les canards du grand bassin.

Entre ces chansons qui nourrissent son enfance et le monde qui l'entoure se tissent de mystérieuses correspondances : ainsi le petit garçon ne pourra jamais entendre *L'âme des poètes* sans imaginer, allez savoir pourquoi, le pont de l'Europe enjambant l'enchevêtrement des rails de Saint-Lazare, sous lequel gronde la vapeur des trains de banlieue. Pour lui la phrase : « Longtemps, longtemps, longtemps après que les poètes ont disparu... » sera toujours associée aux silhouettes des passants englouties fugitivement par l'avalanche de fumée blanche, dans laquelle il a lui-même si souvent eu peur de se dissoudre. *La Marie Vison* a pris pour lui les apparences d'une mauvaise fée, et si « elle a roulé sa bosse, elle a roulé carrosse », c'est en enveloppant sa silhouette contrefaite dans une fourrure trop vaste pour elle. Quand il entend : « Tu me fais tourner la tête, mon manège à moi, c'est toi », voici l'orgue mécanique du petit caroussel du pont de Mulhouse qui tinte à ses oreilles, pendant qu'il chevauche sa monture favorite, un cochon de bois rose souriant aux anges. Dès que résonne : « Fais-nous danser, Julie la rousse, toi dont les baisers font oublier... », la boulangère de la place du Marché, celle-ci et nulle autre, avec ses cheveux de feu, l'entraîne dans une valse étourdissante sur la voix de René-Louis Laforgue.

Il inaugure, avec ces chansons qui appartiennent au monde des adultes, une nouvelle page de sa mémoire. Déjà il semble balancer, petit funambule, sur le fil qui l'éloigne de son enfance. De celle-ci lui restent des refrains que le grand garçon qu'il est devenu aurait honte de fredonner, refrains chargés de parfums plus sucrés, berceuses ou comptines égrenées dans le calme de sa chambre par la voix apaisante de sa mère, « Fais dodo, Colas mon p'tit frère », « Dors, mon p'tit Quinquin », ou marches enfantines rythmées par le doux chahut des genoux de son père, « A dada sur mon bidet, quand il trotte il fait des pets... », « Malbrough s'en va-t-en guerre, mironton, tonton, mirontaine... »

Sur la pointe des pieds se sont éloignés dans la nuit des souvenirs, Cadet-Rousselle, Frère Jacques et Compère Guilleri, remplacés par d'autres refrains, comme on remplace le lit à barreaux par le premier lit de « grand », l'ours en peluche par le soldat de plomb. Du minuscule piano bleu sur lequel il tentait de retrouver la mélodie d'*Au clair de la lune* à l'œil magique de la T.S.F. lui apportant maintenant les succès du jour, le petit garçon sait qu'il a déjà parcouru du chemin. Même s'il se plante encore de temps à autre devant la grande armoire à glace qui lui renvoie l'image d'un enfant songeur, un nouvel univers, peuplé d'hommes élégants et de femmes en robes fleuries, lui entrouvre ses portes, en chansons.

II

Quand on vous aime, quand on vous aime,
Quand on vous aime comme ça...

Dites, dites, dites, dites-moi
Suis-je, suis-je, suis-je, suis-je belle ?

Dites, dites, dites, dites-moi
Suis-je, suis-je, suis-je, suis-je belle, moi ?

Il me semble, à mon avis,
Que j'ai beaux traits et doux vis
Une bouche vermeillette

Dites, dites, dites, dites-moi
Suis-je, suis-je, suis-je, suis-je belle ?

Dites, dites, dites, dites-moi
Suis-je, suis-je, suis-je, suis-je belle, moi ?

E. Deschamps (XVIe siècle) / musique anonyme.
Répertoire d'Yvette Guilbert.

« De tout mon cœur au grand Freud »

C'est une photo, celle d'une femme déjà âgée qui regarde l'objectif, une expression radieuse et abandonnée sur le visage, les yeux mi-clos : c'est une photo d'artiste. La femme y arbore un sourire indéfinissable, l'ironie qui le teinte nous dit qu'elle n'est pas dupe de son apparence, mais elle le dédie cependant avec ferveur à un spectateur invisible. On pourrait penser, connaissant cette artiste, que la dernière note d'une chanson vient de mourir sur ses lèvres au moment où elle adresse à celui qui la contemple ce regard d'une séduction complice que l'âge, malgré tout, n'a su ternir. Ses deux mains, serrées sur sa poitrine, portent une dédicace, gravée sur la chair claire comme un tatouage : « De tout mon cœur au grand Freud ! », mélange de tendresse et d'impertinence. Une signature, « Yvette Guilbert », une date, le 6 mai 1939, date qui restera pour l'histoire celle du dernier anniversaire de Freud.

Ces mains, sur lesquelles la célèbre diseuse a pris soin d'inscrire sa dédicace, elles seront évoquées à la fin de chacune des lettres qu'elle adressera, des années durant, à son « cher grand homme » : « Mes mains bien affectueusement dans les vôtres », véritable protestation d'amitié, tant il est vrai qu'au singulier cette tournure eût semblé plus amoureuse. Si notre regard privilégie sur la photo la main gauche d'Yvette, il peut y voir inscrit, comme un aveu inconscient : « Mon cœur, Freud ! », formule où se révèle une longue histoire d'amitié amoureuse, inaugurée en août 1889 à Paris et close le 23 septembre 1939 à Londres. Histoire d'un lien indéfectible entre Sigmund Freud et la plus célèbre chanteuse française de son époque, mais aussi marque d'un intérêt inattendu de la part du père de la psychanalyse — qui se disait si peu accessible à la musique — pour la chanson, incarnée par cette interprète légendaire.

Une rencontre pour le moins improbable que celle de Freud et d'Yvette Guilbert, que tout semblait séparer : comment imaginer en effet l'austère médecin viennois, tout entier dévoué au culte des valeurs familiales et dévoré par la passion de sa découverte, entretenir une amitié sans faille avec l'interprète par excellence de la chanson grivoise ?

Deux portraits contrastés nous reviennent à la mémoire : dans une eau-forte de Schmutzer, Freud en sa maturité nous adresse un regard sombre, presque hostile, où se lisent la détermination et la certitude farouche d'avoir raison, fût-ce contre tous ; l'autre portrait est signé Henri de Toulouse-Lautrec : éclaboussée de lumière, le nez en l'air, Yvette Guilbert y arbore pour la postérité son air crâne, sa robe verte et ses longs gants noirs. Si la part d'ombre du maître de Vienne a inspiré des artistes comme Dali ou le sculpteur Oscar Némon, c'est l'éclat insolent de la reine du café-concert qui a servi de modèle au peintre du cirque, des lupanars et du Moulin-Rouge.

Deux univers aussi diamétralement opposés pouvaient-ils se rencontrer ? Certainement, si l'on en croit Freud et sa logique de l'inconscient, mais également si l'on se penche sur les destinées de ces deux êtres que tout, en apparence, séparait mais qui présentaient cependant un trait commun à lui seul peut-être suffisant à les rapprocher : le créateur de la technique du divan et la diseuse du *Divan japonais* ont tous deux, chacun à sa façon, levé en effet le voile sur le ressort caché des passions humaines tout en se conformant, dans leur vie privée, aux valeurs sociales et bourgeoises les plus traditionnelles.

L'inventeur de la psychanalyse, dont les écrits ont déclenché en leur temps de véritables tempêtes scientifiques, Sigmund Freud, l'homme qui fut taxé de « pansexualisme », et qui eut en somme l'audace inouïe dans la Vienne bourgeoise du XIXe siècle de dévoiler à l'homme la vérité de sa parole et de son sexe, était plus que tout autre attaché aux grandes valeurs morales. Père et grand-père attentif, d'une constance conjugale affichée jusqu'à sa mort, il prétendait même avoir renoncé à toute vie sexuelle aux alentours de la quarantaine, quand pour lui les nécessités de la procréation ne se firent plus sentir !

Yvette Guilbert, quant à elle, bâtit son immense réputation sur un répertoire où la grivoiserie et l'indécence régnaient en maîtresses. Son abattage, sa diction et son phrasé incomparables, associés à une présence physique très particulière, lui permettaient de se produire avec un même succès devant un public populaire ou devant les grands de ce monde. Le répertoire dans lequel elle excellait ne s'embarrassait pourtant pas de demi-teintes et dépeignait d'un trait cruel les mœurs de ses contemporains ou les travers de leurs conduites sexuelles. Souvenons-nous que l'un de ses plus grands succès conte la joie d'une femme mariée au spectacle de son époux écrasé par les roues du fiacre dans lequel elle se livre à de doux ébats en compagnie de son amant ! Les titres d'autres de ses succès nous en disent assez sur l'audace qu'elle manifestait dans ses choix artistiques : *La pocharde*, *L'Éros vanné* ou *La danse macabre des fœtus* ! Outre le fait que sur la fin de sa vie elle déploya une activité littéraire assez intense, qui la conduisit à publier huit livres et à tenir une rubrique dans *Paris-Soir* (*Guilbertinages* !), elle eut, comme Freud, une vie privée sans trait commun avec le contenu de ses chansons et tint d'ailleurs à le lui faire savoir dans l'une de ses lettres. Elle eut même ce mot étonnant à l'adresse de son confesseur, mot que Freud n'eût pas renié au titre de la sublimation : « Mon père, si on le chante, on ne le fait pas ! »

Yvette Guilbert était l'incarnation de l'esprit parisien, de cette capitale qui pour Freud eut une influence décisive, dans la mesure où elle fut pour lui le lieu d'une rencontre essentielle avec Martin Charcot, professeur vénéré, connu du Tout-Paris scientifique et artistique, mais aussi homme de mondanités tenant un salon brillant où se côtoyaient les célébrités de son temps.

C'est en octobre 1885 que Sigmund Freud effectue son premier séjour à Paris, séjour de six mois correspondant à une bourse d'études à l'étranger. C'est pendant cette période qu'il assiste, ébloui, aux conférences et aux présentations de malades de Charcot, à la Salpêtrière : hystérie et hypnose conjuguées par le maître vont alors polariser tout son intérêt et ouvrir la voie à sa découverte de l'inconscient. Mais il est à Paris et entend bien épuiser une partie des richesses de la capitale qu'il découvre, non sans une certaine ambivalence : il décrira la Ville Lumière dans une lettre à Martha Bernays, sa fiancée, comme « un Sphinx gigantesque et pimpant qui dévore tous les étrangers incapables de résoudre ses énigmes » ; il ajoutera même : « Cette ville et ses habitants n'ont vraiment rien qui me rassure [...] c'est le peuple des épidémies psychiques, des convulsions historiques de masse. » Quelle formule sous la plume de celui qui mit au jour la fonction structurante du complexe d'Œdipe et de ses conséquences sur la psychopathologie !

Paris 1885 : Freud explore monuments et hauts lieux de la culture, il est impressionné par Notre-Dame et passe bien sûr beaucoup de temps au Louvre, particulièrement dans les salles consacrées aux antiquités égyptiennes : « Des rois colossaux, de vrais sphinx, tout un monde de rêve », écrit-il, enthousiaste, à Martha. Il va écouter la grande Sarah Bernhardt au théâtre de la Porte-Saint-Martin, dans un drame de Victorien Sardou, *Théodora*, se montre sensible au charme extraordinaire de sa voix et n'omet pas de noter que durant tout le premier tableau la tragédienne est étendue « sur un trône-sofa » d'où elle donne audience. Il profite de son séjour à Paris pour rendre visite à la femme de son médecin de famille, qui fait suivre à son jeune violoniste de fils — qui deviendra le grand Fritz Kreisler — les cours du Conservatoire de musique. Il en rend compte à sa fiancée en disant ironiquement que le père du petit virtuose, « au lieu d'étrangler en secret l'enfant prodige », a envoyé celui-ci en compagnie de sa mère à Paris, au prix de terribles sacrifices. Formule qui en dit long sur l'estime que Freud portait à la musique et aux musiciens !

Rentré dans l'intimité de la famille Charcot, le jeune Freud est invité à quelques-unes de ces réceptions fameuses où celui qu'il considère comme un maître et un modèle lui réserve un accueil chaleureux. Mais Freud n'est pas un homme de mondanités, celles-ci l'angoissent même à tel point qu'il est obligé d'user de la cocaïne pour pouvoir surmonter son malaise au milieu d'une assemblée d'étrangers en tenue de soirée. De plus il craint beaucoup que son mauvais français, que l'anxiété aggrave, ne le rende incompréhensible ou ridicule et il est très soulagé sitôt qu'il peut prendre congé de ses hôtes.

Le Congrès international d'hypnotisme de 1889 donnera à Freud l'occasion d'un deuxième séjour à Paris. Cette année-là, qui fut également celle de l'Exposition universelle, vit la construction de la tour Eiffel : est-ce l'effervescence qui accompagne ce genre de manifestation qui donna cette fois à Freud l'envie de distractions plus frivoles ? Toujours est-il que sur les conseils de l'épouse de son maître, Mme Charcot, le jeune médecin se rendit au café-concert de L'Eldorado après les séances du congrès, pour écouter la nouvelle coqueluche du public, celle dont tout Paris parlait, une divette à la réputation scandaleuse. Cette jeune chanteuse se faisait appeler « Yvette Guilbert, la diseuse fin de siècle », et la nature de son répertoire justifiait une question qui courait dans le Paris de l'époque, à la mesure de son renom sulfureux :

« L'avez-vous entendue ? » Qu'a bien pu ressentir ce soir-là le jeune médecin, dans l'atmosphère bruyante et survoltée des cafés chantants de l'époque — si bien rendue par Lautrec — à l'écoute de cette incroyable artiste, chantant à pleine voix, de son timbre acide, ce qu'aucun n'osait murmurer ? Sans nul doute les effets d'un choc et d'une séduction immédiate — il l'avouera d'ailleurs plus tard — exercés par une interprète d'exception et par des chansons qui méritaient, aux yeux du public d'alors, le qualificatif d'« indécentes ». Il faut dire que la jeune artiste, que l'on ne peut citer aujourd'hui sans que lui fassent cortège les noms évocateurs du *Bal du Moulin-Rouge* ou du *Concert parisien*, avait tout pour que se créent autour d'elle les éléments d'une légende. Charles Zidler, patron du Moulin-Rouge, avait voulu faire de cette créature aux longues jambes une écuyère de cirque, ce qui l'aurait, tout autant que le café-concert, destinée à servir de modèle au crayon acerbe de Toulouse-Lautrec. Joignant à ses talents de diseuse ceux d'auteur à la plume facile, elle se produisait devant Charles Gounod, devant le prince de Galles lui-même, électrisant des salles entières qui l'ovationnaient et bissaient chacune de ses chansons.

Sigmund Freud, *privatdozent* de neuropathologie en voyage d'études à Paris, jeune homme de vingt-neuf ans à l'aube d'une découverte qui allait révolutionner le monde de la science et des idées, eut donc, comme beaucoup d'autres, la joie d'entendre Yvette Guilbert s'exclamer à la fin du *Fiacre*, dans un éclat de rire :

Chouett' Léon ! C'est mon mari !
Y'a plus besoin d'nous cacher,
Cahin caha,

Hue dia, hop là
Y'a plus besoin d'nous cacher
Donne donc cent sous à c'cocher !

A compter de ce jour, et pour une trentaine d'années, Freud ne revit plus Yvette Guilbert, à l'exception d'une seule occasion, lorsqu'elle se produisit à Vienne, durant l'hiver 1893-1894. Il tint alors à se déplacer au Ronacher Theater pour aller l'entendre, lui qui ne fréquentait pas de musiciens et n'allait jamais au concert. C'est dire si la voix, la silhouette et surtout les chansons de la « diseuse fin de siècle » étaient restées gravées dans sa mémoire, liées pour toujours au Paris de sa jeunesse. Il témoignera plus tard de la vivacité de ce souvenir lorsque l'occasion lui sera enfin donnée d'un rendez-vous avec celle qu'il avait admirée autrefois.

Quand le hasard, qui ne fait jamais les choses au hasard, remit la chanteuse sur le chemin du jeune étudiant, celui-ci était devenu le « grand Freud ». En 1926, treize années avant sa mort, Freud avait en effet publié ses plus grands textes, élaboré sa théorie, fondé un mouvement psychanalytique où passions et déchirements avaient déjà fait des élus et des victimes. L'impénitent fumeur de cigares souffrait de son cancer à la mâchoire, il était sur le déclin de sa vie et savait ce qui l'emporterait, même si l'issue pouvait lui sembler encore lointaine. La nostalgie de Paris l'assaillait sans doute davantage encore s'il songeait que dans cette ville où résonnait en écho la voix d'Yvette il avait fait la rencontre du sphinx et avait maintenant en partie répondu à son énigme. C'est là que s'étaient élaborées les bases de sa théorie, là qu'avait eu lieu sa rencontre avec l'inconscient des grandes hystériques de la Salpêtrière : à Paris il pouvait situer le début de tout ce qui aujourd'hui lui valait reconnaissance et notoriété.

C'est dans ce moment où Freud tournait la dernière page de sa vie que sa fille Anna lui présenta Eva Rosenfeld, une jeune femme grâce à qui il allait faire une rencontre inespérée. Fille de Rose et de Théodore Rosenfeld, respectivement sœur et beau-frère de Max Schiller, mari d'Yvette Guilbert, Eva avait choisi de poursuivre des études de psychologie à Vienne et y avait fait la connaissance, en 1924, d'Anna Freud qui l'introduisit auprès de son père. Elle devint rapidement une intime de la maison de Sigmund et de Martha Freud, au point de partager certaines de leurs vacances familiales. Le lien qu'elle noua avec Freud fut suffisamment proche pour que ce dernier accepte en 1929, selon les règles très souples de la technique de l'époque, de la prendre en analyse pendant deux mois à raison de six séances hebdomadaires, allant même jusqu'à refuser tout paiement pour cette cure, probablement didactique. Eva Rosenfeld continua, après cette analyse, à faire partie des intimes de la famille et à être reçue rituellement chez les Freud les dimanches après-midi.

Quand Freud apprit qu'Eva avait pour tante celle dont les chansons l'avaient si fortement impressionné, il lui fit part de son admiration pour la chanteuse et, en 1926, à l'occasion d'un séjour à Paris, la jeune femme transmit le message à Yvette Guilbert. Cette dernière, flattée de l'intérêt que lui manifestait un homme de science dont elle connaissait la renommée, fit aussitôt parvenir par l'intermédiaire de sa nièce une de ses photos dédicacées au grand psychanalyste : « Au savant

Sigmund Freud, le salut d'une artiste. » Yvette savait qu'elle adressait ce salut à un bon entendeur, et Freud ne manqua pas de lui envoyer en retour une photo également dédicacée, geste qui inaugura entre eux une amitié de treize ans et une correspondance assidue. La photo d'Yvette orna le bureau du maître à Vienne et le suivit dans son exil à Londres, la célèbre diseuse s'y trouvant ainsi en compagnie des non moins prestigieuses amies de Freud, Lou Andreas-Salomé et la princesse Marie Bonaparte.

A partir de cette date, Freud assista à chacun des concerts annuels qu'Yvette Guilbert donna à Vienne, et ce fut à chaque fois, en plus du fréquent échange de lettres, l'occasion de rencontres affectueuses. Billets de faveur de la part d'Yvette, bouquets de fleurs en remerciement de la part du maître, thé à l'hôtel Bristol réunissant les deux couples, Sigmund et Martha Freud, Yvette Guilbert et Max Schiller, ces plaisirs partagés étaient devenus des rituels auxquels les nouveaux amis ne se soustrayaient jamais. Dans ses dernières années à Vienne, Freud ne fit de sorties publiques que pour aller applaudir Yvette lors de ses récitals, auxquels il conviait ses collègues du mouvement psychanalytique.

Yvette Guilbert fut assez proche de Freud pour pouvoir se permettre de l'appeller « Mon cher grand homme » ou simplement « Freud », sans le faire précéder de son titre, privilège qu'elle n'a partagé qu'avec deux autres intimes du maître, l'écrivain anglais H.G. Wells et l'ambassadeur américain W.C. Bullit.

Sur le chemin de l'exil, lorsque Freud et une partie des siens, fuyant le nazisme, quittèrent Vienne pour aller s'établir à Londres, la princesse de Grèce Marie Bonaparte les accueillit une journée à Paris. Elle en profita pour organiser une réception et y inviter quelques intimes : Yvette Guilbert et son mari furent bien sûr du nombre, et, selon les dires d'Ernest Jones, la chanteuse fit son possible pour dissiper les nuages qui planaient sur l'assemblée. Elle raconta nombre d'histoires lestes qui divertirent grandement son auditoire et surtout accepta sans façons, à la demande de Jones, d'interpréter une partie de son répertoire : Freud prit ainsi un nostalgique plaisir à entendre Yvette chanter pour lui certaines de ses chansons, comme *Il était seul* et dire son monologue *Elle avait le nombril en forme de cinq* ! Voilà sans doute ce qui lui permit d'écrire ensuite à la princesse, en forme de remerciement : « Cette seule journée passée dans votre maison à Paris nous a rendu notre bonne humeur et notre dignité... »

Yvette Guilbert se produisant régulièrement sur les scènes londoniennes, Freud et elle eurent encore quelques occasions de se rencontrer. Le goût et l'intérêt du psychanalyste pour les chansons d'Yvette était même tel qu'en octobre 1938, vivant à Londres depuis peu, affaibli par la maladie et ne bougeant plus de Maresfield Gardens, il ne se permit qu'une seule sortie pour aller au Wigmore Hall écouter son amie égrener ses vieux succès. Ce même mois la chanteuse lui fit parvenir une lettre où elle lui annonça son intention d'être à ses côtés pour son prochain anniversaire, et c'est à cette lettre que Freud répondit par une phrase mélancolique : « A mon âge, tout ajournement implique une triste connotation » et le vieil homme exilé et malade ajouta : « Durant ces dernières années j'ai été assez privé de n'avoir pu redevenir jeune l'espace d'une heure grâce au charme magique d'Yvette. »

Cette phrase prend tout son poids si l'on songe

qu'en mai 1939 Freud fêtait son dernier anniversaire et que son amie Yvette lui adressait pour l'occasion le témoignage d'une tendre affection, cette photo d'artiste la représentant vieillissante, photo dont la nostalgie s'accompagnait de ces mots, qu'elle aurait d'ailleurs pu lui chanter très exactement sur la mélodie du *Fiacre* : « De tout mon cœur au grand Freud ! »

L'amitié fidèle, étonnante, entre le fondateur de la psychanalyse et une artiste de café-concert ne présente peut-être pas seulement une valeur anecdotique. Freud, qui recevait chez lui les plus grands esprits de son temps, scientifiques ou littéraires, comme Albert Einstein, Romain Rolland ou Stefan Zweig, ne s'est lié avec aucune personnalité du monde musical, pourtant florissant, de la Vienne de la fin du XIXe et du début du XXe siècle. Dans ce domaine, la seule artiste avec laquelle il entretint une relation durable fut Yvette Guilbert, représentante parisienne d'un genre pourtant des plus légers : la chanson leste. Cet intérêt et cette amitié même témoignent sans doute d'un aspect moins connu de la personnalité de Freud, particulièrement en ce qui concerne ses rapports avec la musique.

En effet si l'on s'est soucié de remarquer que le fondateur de la psychanalyse n'entendait rien à la musique, on oublie un peu vite qu'il écoutait fréquemment des opéras, selon le témoignage de sa fille Anna. Il n'allait jamais au concert, confirme-t-elle, mais il avait admis dans son panthéon artistique au moins cinq grands ouvrages, des plus universellement reconnus : *Don Juan*, *Les noces de Figaro* et *La flûte enchantée* de Mozart, *Carmen* de Bizet et *Les maîtres chanteurs de Nuremberg* de Wagner. Ce sont bien là des compositions appréciées d'un Freud pourtant rebelle à l'art musical, et il est important de noter qu'il s'agit d'ouvrages lyriques qui ont en tant que tels la particularité d'accorder au texte et à la voix un rôle essentiel, ce qui explique sans doute qu'ils aient su éveiller l'attention du maître.

Une autre forme d'expression musicale, liant plus étroitement encore musique et paroles, a certainement procuré aussi à Freud de grandes émotions, forme qui semble avoir échappé aux commentateurs. Ceux-ci en effet n'ont entendu dans l'aversion de Freud pour la musique que le versant « noble » de celle-ci : la musique classique. Or il est manifeste, du moins en ce qui concerne le répertoire d'Yvette Guilbert, que Freud a pris un plaisir extrême à l'écoute d'une forme musicale légère, dont le texte et la mélodie courent sur toutes les lèvres : la chanson populaire. Il faut savoir que, si les chansons égrillardes d'Yvette Guilbert ont franchi l'épreuve du temps, l'histoire n'a pas retenu un autre aspect du répertoire de la célèbre chanteuse. Celle-ci, prise d'un intérêt passionné pour la chanson traditionnelle, fréquentait assidûment les bibliothèques à la recherche de textes et de documents et avait constitué une remarquable collection de chansons médiévales qu'elle interpréta régulièrement dans la deuxième moitié de sa carrière. Son répertoire, outre les succès que l'on continuait de lui réclamer, s'était enrichi, selon ses propres dires, « de chœurs et de refrains populaires des XVIe et XVIIe siècles, mais aussi des chants grégoriens et des chansons du XIIe et des chants d'Adam de la Halle du XIIIe, etc. » Ce n'est donc pas seulement pour le plaisir d'entendre la diseuse briller dans un répertoire leste que Freud se déplaça si souvent, mais également pour entendre des œuvres appartenant à l'« archéologie » de la chanson, où figuraient *Malbrough s'en-va-t-en-guerre* ou *Le roi fit battre tambour* dans lesquelles le talent de son amie n'excellait pas moins. Le tendre sentiment de Freud pour Yvette Guilbert, s'il est lié nostalgiquement aux souvenirs de sa jeunesse parisienne, est également, comme on peut le voir ici, inséparable de son intérêt pour la chanson.

L'amitié entre Freud et Yvette Guilbert ne s'est pas limitée à d'aimables rencontres autour d'un thé au Bristol, la correspondance que l'artiste et le psychanalyste ont échangée ainsi que la teneur de leurs conversations ont été pour Freud l'occasion d'exprimer nombre d'émotions, ce dont il n'était pas prodigue, et ont provoqué en lui certains questionnements — ceux-là bien dans sa manière — tant sur le thème du temps qui passe que sur les mystères de la création et de l'interprétation.

De plus, cette affection qui l'a lié à celle qui incarnait l'air de Paris et l'histoire de la chanson française a probablement réactivé l'ambivalence que Freud entretenait depuis longtemps à l'égard de la langue française. Yvette Guilbert, qui s'exprimait bien sûr en français, se réclamait avec insistance de l'esprit de son pays natal : « Je suis née d'un pays qui *DEVAIT* être le mien. Nul autre n'aurait pu, comme lui, m'enchanter de son esprit, m'enseigner l'art de vivre. »

La langue de ce pays, qui a charmé Freud parce qu'elle traduisait à merveille l'esprit des chansons d'Yvette Guilbert, fut dans le même temps pour lui source de malaise. Quand, jeune étudiant, il proposa ses services à Charcot pour traduire en allemand ses

Nouvelles leçons, il lui écrivit qu'il serait à la hauteur de cette tâche, n'étant affecté que « de l'aphasie motrice et non pas de l'aphasie sensorielle du français » ! Sous l'apparence d'une plaisanterie anodine il présentait néanmoins, par ces mots, ses difficultés avec notre langue comme symptomatiques. Quand Mme Charcot, impressionnée par les talents de l'élève de son mari pour le maniement des langues, lui demanda combien il en parlait, celui-ci répondit : « Allemand, anglais, un peu d'espagnol et très mal le français. » C'est au Bristol, le lieu des rencontres amicales, que, de nombreuses années plus tard, Freud, souffrant déjà de son cancer à la mâchoire, aura un dernier mot concernant sa relation difficile au français. Se tournant vers Max Schiller, le mari d'Yvette, il lui dira, faisant preuve d'un humour pathétique : « Meine Prothese spricht nicht französisch. » (« Ma prothèse ne parle pas français. »).

Pour Freud le français fut la langue de ce peuple étrange, sujet aux « épidémies psychiques » et aux « convulsions historiques », et il confie d'ailleurs à sa fiancée, à propos des Parisiens : « Je les crois tous possédés par mille démons et je les entends crier : “A la lanterne” et “A bas Untel !” au lieu de “Monsieur”. » « Convulsions », « possédés », termes exprimés dans une langue où sexe et violence font retour, on voit à quel point Freud a pu identifier les manifestations de l'esprit français à l'hystérie, affection que révélait de façon théâtrale son maître Charcot. Mais l'hystérie parisienne, au-delà de la scène de la Salpêtrière, ce sont bien aussi les feux de la rampe, l'effervescence du café-concert ou l'audace des chansons d'Yvette Guilbert, et sur ce versant la répulsion de Freud a laissé place à la fascination.

La nostalgie est aisément repérable dans ce qui nous reste de cette étonnante amitié : photos, lettres ou affectueux messages, et ce n'est certes pas un hasard si une artiste de la chanson fut, plus qu'une autre, apte à susciter ce sentiment. Pendant une trentaine d'années la pensée d'Yvette a été pour Freud, nous l'avons vu, liée au souvenir de ses études parisiennes, aux balbutiements de la psychanalyse et à sa jeunesse enfuie. Les émouvants témoignages qu'il en donne sont à cet égard très parlants, qu'il s'agisse de « redevenir jeune l'espace d'un instant » ou de « triste connotation ». Freud nous dit là ce qui fait une grande partie du « charme magique » de l'interprète aimée et de la chanson elle-même, aucune autre forme d'expression n'ayant à ce point le don de faire ressurgir les émotions passées, joies ou peines que l'on pouvait croire oubliées. Cette nostalgie, Yvette Guilbert l'exprimera avec le même humour amer que son grand ami Freud, quand elle écrira dans l'un de ses livres, imaginant ses propres funérailles :

Un corbillard va trottinant,
Cahin, caha
Hue dia, hop là !...

Si Freud fut le père de la psychanalyse, il fut également celui de la psychanalyse dite « appliquée », et l'on sait le soin qu'il mit à tenter d'expliquer les ressorts cachés de la création artistique. Les essais qu'il consacra à Goethe, au *Moïse* de Michel-Ange, des ouvrages tels que *Délire et rêves dans la Gradiva de Jensen* ou *Un souvenir d'enfance de Léonard de Vinci*, justement célèbres, sont la preuve de cet effort d'investigation. Il ne publia cependant aucune étude concernant la musique ou ses interprètes bien que l'occasion lui en ait été fournie, comme en témoigne sa correspondance avec Yvette et son mari Max Schiller.

En février 1931, Yvette Guilbert s'apprête à publier son troisième ouvrage, *Mes lettres d'amour*, recueil de lettres d'admirateurs souvent illustres (Pierre Louÿs, Francis Jammes, Pierre Loti...) augmenté de commentaires de la chanteuse elle-même et d'interrogations sur la nature de son art. A cette occasion Yvette fait parvenir à Freud le prologue de son livre et lui demande ses conseils. Lorsque aujourd'hui nous lisons ce texte, nous ne pouvons qu'être frappés d'y trouver sous la plume de la chanteuse des formules qui ne sont pas loin d'évoquer la position de l'analyste et la définition de l'amour de transfert, telles qu'à cette époque Freud pouvait les articuler : « N'être plus qu'une âme qui révèle aux âmes toutes leurs peines, toutes leurs joies, toutes leurs vertus, leurs grimaces et aussi leurs vices, et pour ce faire m'escamoter, disparaître, devenir les brouillards vivants des autres avec par-ci par-là un retour de moi quand il le faut [...], mais à mon gré obliger mes auditeurs à m'oublier, à me perdre de l'œil, tout occupés que je les oblige à ne penser qu'à eux, rien qu'à eux, tout absorbés que je les veux à se chercher, à se trouver, à rencontrer leur vérité perdue, à se reconnaître eux ou les leurs, en moi, et les décider, jouissant de mes portraits d'eux, à accourir, allégés de ma confession de leurs péchés, m'aimer en eux ! »

A sa demande de conseils, Yvette ajoute une requête particulière ; elle voudrait que le maître lui dise ce qu'il a ressenti à l'écoute de ses chansons : « Quatre lignes en allemand (elle connaît les difficultés de son ami avec la langue française !) me rendront folle de joie ! » Freud ne peut rester insensible à cette supplique et dépasse de beaucoup dans sa réponse les quatre lignes espérées. Il explique à son amie que le moi de l'artiste ne peut être transparent, qu'il n'est pas, en somme, un écran vierge sur lequel l'auditoire se projetterait. Ce qui donne sa vérité à l'interprétation d'un grand artiste et lui fait ainsi atteindre le cœur du public, ce sont ses ressources à lui-même cachées, l'expression de ses désirs inconscients qui colorent à son insu son art d'accents authentiques. Yvette qui, aux dires de sa nièce, n'avait jamais ouvert un livre de son illustre ami, répondra immédiatement à Freud sous forme de riposte, se défendant vigoureusement dans sa lettre d'avoir puisé dans les tréfonds de son inconscient les audaces qui pimentent son répertoire : seule, dira-t-elle, la « volonté cérébrale de l'artiste » lui a permis de donner vie à ses incarnations !

L'énergique mode de défense d'Yvette n'échappera pas à Freud, qui se gardera bien de revenir à la charge auprès d'elle et, soucieux de préserver une précieuse amitié, adressera cette fois sa réponse à Max Schiller ! A celui-ci il continuera de livrer le fruit de ses réflexions : l'artiste se nourrit de ses expériences infantiles, c'est là qu'il puise les ressources essentielles de son talent. Freud évoque alors une rencontre malheureusement ratée avec Charlie Chaplin, ce dernier ayant quitté la capitale autrichienne plus tôt que prévu, chassé par le froid. Selon lui tout l'art du grand comique anglais consisterait précisément en une revanche sur un passé difficile, le personnage de Charlot représentant en quelque sorte la sublimation des souffrances de Chaplin enfant.

Freud a donné à Yvette Guilbert une explication sur ce qu'il pensait être à l'origine des talents d'interprétation d'une artiste d'exception. A la question précise de son amie concernant ce qu'il a ressenti à l'écoute de ses chansons, il a avoué en revanche ne pas pouvoir répondre et s'est dit face à un mystère insondable. Il nous a laissé cependant avec une vraie question qui touche au pouvoir d'évocation spécifique à la chanson, art générateur d'émotions, plus qu'aucun autre accessible à tous, du fait de son apparente évidence.

L'intérêt particulier que Freud manifesta pour l'art d'Yvette Guilbert est sans doute pour nous le signe que l'inventeur de la psychanalyse avait pressenti l'importance de la chanson, en tant que véhicule d'émotions et de représentations enfouies. L'apparente légèreté du genre, qui le rapprocherait du *witz*, du mot d'esprit, dans sa façon de révéler, comme sans y toucher, d'essentielles vérités concernant l'homme et son désir, n'a pas pu échapper au maître. Voilà sans doute pourquoi Freud n'a pas refermé la question ouverte par sa grande amie Yvette Guilbert, et pourquoi il en a fait le tour avec respect et prudence pour laisser le chapitre ouvert, après sa tentative d'explication, par ces mots émouvants : « Ce n'est là en tous cas qu'une simple contribution à la résolution du grand secret : pourquoi éprouvons-nous un frisson devant *La soularde* et répondons-nous : “Oui” de tout notre cœur à la question : *Dites-moi si je suis belle ?*, mais là-dessus nous en savons si peu ! »

Chien égaré cherchant son trou,
Allant souvent sans savoir où
Loin d'la barrière elle se hasarde
La Soularde.

Un tas de gamins l'entourant,
Criant, chantant, sautant, courant,
Escortent ainsi qu'une garde,
La Soularde.

Mais elle, indifférente à tout,
Va devant elle, n'importe où.
Alors de cailloux on bombarde,
La Soularde.

Sensible à ce brutal affront,
Du sang lui coulant sur le front,
Elle se retourne et les regarde,
La Soularde.

Tous interrompant leur lazzi,
Filent le cœur d'effroi saisi,
Devant les regards que leur darde
La Soularde.

Au milieu des passants surpris,
Baladant l'vice en cheveux gris,
« Pour sûr elle est vraiment tocarde »,
La Soularde.

Pourtant ouvrier ou gamin,
Laisse-la passer son chemin !
Qui sait le noir secret que garde
La Soularde ?

Peut-être que pleurant un fils,
Songeant au bonheur de jadis,
Un soir elle trouve que sa fin tarde,
La Soularde.

Quand la mort, qu'elle appelle en vain,
Brisera son verre de vin,
Elle bénira la camarde,
La Soularde.

Jules Jouy / Eugène Poncin.
Répertoire d'Yvette Guilbert.

III

Ça, c'est d'la musique,
De la vraie musique...

La la la, mine de rien
La voilà qui revient
La chansonnette

Elle avait disparu
Le pavé de ma rue
Était tout bête

Les refrains de Paris
Avaient pris l'maquis
Les forains, l'orphéon
La chanson d'Macky

Mais on n'oublie jamais
Le flon-flon qui vous met
Le cœur en fête

Quand le vieux musicien
Dans le quartier
Vient revoir les anciens
Faire son métier

Le public se souvient
D'la chansonnette
Tiens, tiens...

J. Dréjac / P. Gérard.

« Une chanson, c'est peu de chose... »

Comme le dit si bien la chanson, « une chanson c'est peu de chose... », si peu de chose même que la psychanalyse dite appliquée ne s'y est guère intéressée. Nous savions déjà que le domaine musical n'a que modérément inspiré les déchiffreurs — et défricheurs — de l'inconscient ; cet art parlerait-il trop à l'imaginaire pour qu'un psychanalyste puisse y faire son miel, ou, pire encore, la psychanalyse aurait-elle horreur de la musique ?

La surdité élective de Freud, qui lui faisait déclarer d'une façon insistante à qui voulait l'entendre que la musique ne jouissait pas de ses faveurs, qu'il était même « ganz unmusikalisch », tout à fait non musicien, cette surdité aurait-elle fait obstacle à la recherche des psychanalystes dans ce domaine ? Toujours est-il que la prétendue aversion du père spirituel pour la musique a laissé des traces chez ses fils et que la littérature analytique touchant à cet art est restée d'une production assez modeste.

Nous avons vu cependant, à la faveur d'une amitié inattendue, que la désaffection du fondateur n'incluait pas, et de loin, tout ce qui touchait au champ musical :

Freud était sensible à une musique vocale, soutenue par une action dramatique ou un argument, son goût le portait vers un genre musical où le texte le dispute en importance à la mélodie. Il appréciait quelques grands opéras, parmi les plus illustres, il sifflait (de façon méconnaissable, de son propre aveu) un air de Figaro dans les *Noces* : « Se vuol ballare, signor contino », mais surtout, et contre toute attente, il faisait preuve d'un goût certain pour la chanson, qui semble avoir occupé dans sa vie une place suffisamment importante pour motiver ses dernières sorties publiques.

Le silence des biographes à ce sujet s'explique aisément : il eût été satisfaisant pour la postérité d'ajouter au portrait de Sigmund Freud celui d'un amateur éclairé de l'œuvre symphonique de Beethoven ou d'un découvreur passionné des génies musicaux de son époque, tels Gustav Mahler ou Richard Strauss, plutôt que d'imaginer le grand homme se délectant du *Fiacre* ou autres chansons légères de son amie Yvette Guilbert ! Que Mahler lui-même l'ait consulté, que le grand chef d'orchestre Bruno Walter ait fait appel à lui pour une douleur persistante au bras, ceci n'a pas eu d'effets déterminants sur l'intérêt de Freud pour la musique. Ces rencontres ont certes présenté pour le grand psychanalyste un intérêt clinique — pour la névrose obsessionnelle du compositeur comme pour le symptôme hystérique de son disciple —, mais elles ne lui ont aucunement ouvert le chemin des salles de concert. L'art de son amie, la « diseuse fin de siècle », en revanche, l'a arraché de son fauteuil d'analyste pour l'installer dans le velours rouge de celui d'un des théâtres viennois, puis londoniens, où Yvette interpréta les chansons dont il raffolait.

L'histoire analytique n'aura que très peu retenu le goût de Freud pour la chanson populaire, pour les motifs que nous évoquions plus haut, mais sans doute aussi en raison du peu de prestige dont jouit généralement la chanson dans le monde de la culture, où elle se voit souvent épinglée du qualificatif guère flatteur d'« art mineur », parfois par ses créateurs eux-mêmes [1]. Une chanson est si peu de chose... qu'il peut même paraître inutile à certains de mentionner un art que chacun pratique naturellement, comme on respire.

Or le paradoxe de la chanson réside en ceci que nous pouvons l'élever — ainsi que nous allons le faire — à la dignité de ce qui fut probablement le premier mode d'expression de l'humanité et constater dans le même temps le traitement dédaigneux qui lui est réservé. Il n'est que de voir ce que dans la langue le terme de chanson recouvre pour y sentir cette ambiguïté : chanson désigne en effet l'art le plus pur comme celui de la tromperie, le mode d'expression le plus raffiné comme le plus rudimentaire. Boileau, pour ne citer que lui, parle des chansons de Pindare en y introduisant la nuance de chant, au sens le plus élevé du terme ; les chansons des poètes du Moyen Age étaient l'œuvre des troubadours et des trouvères, nobles auteurs de poésies lyriques ; la chanson de geste est le nom donné au poème épique où étaient célébrés les exploits des paladins. En même temps et sur l'autre versant, celui de la dérision, « chansons ! chansons que tout cela ! » signi-

1. Serge Gainsbourg a souvent employé le qualificatif d'« art mineur » à propos de la chanson, mais on reconnaîtra bien sa manière dans cette formule provocante : « Un art mineur, qui encule les arts majeurs ! »

fie balivernes, sottises, paroles sottes ou folles et « mettre en chansons » peut signifier également ridiculiser. Une chanson peut tout aussi bien être une remontrance vaine qu'une chose insignifiante, une ritournelle vide de sens, une moquerie.

Que ce terme de « chanson » puisse signifier la forme d'expression à la fois la plus élevée et la plus basse évoque pour nous, lecteurs de Freud, ce que ce dernier a pu développer, citant Karl Abel, à propos des sens opposés dans les plus anciennes langues connues : « On ne saurait douter que, dans une langue du moins, il ait existé nombre de mots désignant à la fois une chose et son contraire... » Que le terme de « chanson » ait pu garder ce caractère propre aux langues primitives serait un trait bien venu pour nous faire souligner le caractère archaïque, originaire, de cette forme d'expression.

La musique n'inspira donc que très peu les disciples et les continuateurs de l'œuvre freudienne, à l'exception toutefois de Théodore Reik ou plus récemment d'Eissler et des auteurs associés de l'ouvrage *Psychanalyse et Musique*. L'école lacanienne s'est interrogée sur le « savoir musicien », mais l'on chercherait en vain dans l'œuvre écrite ou orale de Jacques Lacan (les *Écrits* et les *Séminaires)* des références précises à cet art. Lacan considérait l'architecture et la musique comme les « arts suprêmes », mais tout au plus pourrait-on évoquer une chanson comique de la Belle Époque citée par lui dans l'un de ses séminaires, encore que cela fût uniquement pour en savourer le titre : « Je suis fils-père ! »

Si la musique fait figure de parent pauvre dans l'univers pourtant très fréquenté de la littérature psychanalytique, que dire alors de la chanson ? Que celle-ci soit considérée comme quantité négligeable relève cependant d'un processus d'aveuglement, comparable à celui décrit par Edgar Poe dans son célèbre récit *La lettre volée*. En effet, si l'on ne mesure pas l'importance de la chanson, c'est que son omniprésence nous crève les yeux. C'est un fait, la chanson est partout. Aujourd'hui sans doute plus que jamais elle rythme de ses refrains la plupart de nos moments et, si elle a bercé l'enfance de chacun d'entre nous, elle ponctue encore les événements heureux ou sombres de notre vie d'adulte.

La chanson est sans aucun doute l'expression musicale la plus intimement liée à la parole, et par là même à l'être de langage qu'est l'homme. Que Freud s'y soit intéressé, par le biais de son amitié avec Yvette Guilbert, ne doit donc pas nous étonner, dans la mesure où cet art témoigne d'un maniement de la langue que l'être parlant pratique dès son plus jeune âge et dans lequel il baigne avant même de venir au monde : la chanson, qui accompagne chacun de nous tout au long de son existence, ne peut laisser indifférents ceux que l'univers symbolique interroge.

Art populaire ou art mineur comme certains se plaisent à la définir, la chanson est de tous les modes d'expression celui qui, dans l'histoire des arts, aura touché l'audience la plus large, et il s'agit là d'un phénomène à interroger, sans trop rapidement le considérer comme allant de soi. Phénomène n'est pas un mot trop fort si l'on songe que, de ses origines à nos jours, l'importance de la chanson ne s'est jamais démentie et qu'il s'agit d'un genre qui n'a connu ni déclin ni éclipse : aujourd'hui plus que jamais son règne est consacré. Depuis que l'immense marché du disque et de l'audiovisuel est venu davantage encore consolider son assise, il n'est plus un événement de notre vie quotidienne qui ne soit accompagné de ritournelles. Aucune autre forme d'expression ne peut prétendre à cette omniprésence, ni recueillir autant de suffrages, même si l'heureux essor actuel de l'opéra et des concerts classiques a pour effet de drainer un auditoire considérable.

Une chanson, c'est peu de chose
Mais, quand elle se pose
Au creux d'une oreille...

Un texte court, aux rimes souvent pauvres, associé à une mélodie qui accroche la mémoire, voilà en quelques mots ce qui suffit à définir ce genre musical universel. « Facilité » est bien sûr le terme qui vient aux lèvres dès qu'il s'agit de la chansonnette : il serait pourtant léger de conclure que c'est de ce seul côté que doit s'expliquer l'indéfectible attachement du public à la chanson. Et quand cela serait, cette facilité même n'en serait pas moins à interroger.

Des dizaines de stations de radio et de chaînes de télévision diffusent à longueur de journée des chansons sur leurs ondes, de jeunes foules pressées se déplacent baladeur aux oreilles, ne se contentant plus d'un environnement chansonnier fourni par le monde extérieur, mais vivant maintenant en tous lieux avec pour seul univers sonore leurs titres préférés, faisant obstruction à toute autre perception. La demande est telle que l'offre suit avec démesure : les succès d'aujourd'hui se démodent en quelques semaines alors que ceux d'hier couraient des années sur les lèvres. Certes le mode de médiatisation y est pour beaucoup, et le cercle qui se faisait autour du chanteur de rues, qui vendait les paroles de ses chansons afin que chacun puisse les reprendre en chœur, s'est considérablement élargi ! Il faut dire que chacun d'entre nous, qu'il soit rossignol du pinceau, ténor de salle de bains ou diva de noces et banquets aime à s'approprier les refrains composés par d'autres, pour en donner sa version ! Ce plaisir à l'écoute comme à l'interprétation de chansons fait à tel point partie des mœurs de l'homme civilisé qu'il en passe inaperçu.

Le domaine classique, même si l'on peut le déplorer, fait pâle figure à côté de cet aspect de la chanson et, si les œuvres immortelles des grands compositeurs élèvent toujours nos émotions à des hauteurs inégalées, on ne peut cependant nier que les moments les plus importants de notre existence, et de l'histoire elle-même, sont le plus souvent liés au refrain léger, que l'on peut reprendre en chœur, d'une simple chansonnette. Si chanter est le propre de l'être de parole, si cet acte spontané fait en quelque sorte partie de sa « nature », il n'en reste pas moins que l'extraordinaire présence de la chanson dans le quotidien humain peut faire l'objet d'une question, question qui, nous le verrons, peut intéresser le champ de la psychanalyse.

Mais quand elle se pose
Au creux d'une oreille
Elle reste là...
Allez donc savoir pourquoi !

Allez donc savoir pourquoi, en effet ! S'il semble clair que chacun puisse être sensible à ce que véhiculent ces petits poèmes de rien posés sur une ritournelle obsédante, il pourrait cependant paraître étonnant qu'une fois entrés dans notre mémoire ils n'en sortent plus. Si parfois, lorsque nous cherchons à évoquer une chanson, ses paroles nous échappent (rarement les premiers mots, d'ailleurs), sa mélodie en revanche se rappelle à nous sans peine. Des années après l'avoir entendue, alors que nous aurions pu la penser à jamais oubliée, elle nous saisit de nouveau au coin d'une rue et dans toute sa fraîcheur nous revient aux lèvres. Car c'est un fait : on n'oublie jamais une chanson.

Nombre de nos souvenirs sont ainsi inscrits sur une ligne mélodique, elle en est le parfum, la couleur, elle s'allie aux mots qui la soutiennent pour donner consistance à l'impalpable. Ce qui nous conduit à souligner de nouveau ce fait : aucune forme d'expression musicale ne lie, comme la chanson, aussi intimement paroles et musique. En effet, contrairement à d'autres formes de musique vocale, comme l'opéra ou la cantate, dans lesquels les mots employés s'étirent et se déforment comme forcés à épouser la ligne de chant, la mélodie de la chanson en suit au plus près le texte. C'est même peu de dire qu'elle le suit : celui-ci lui donne en fait son rythme et sa découpe, le mot y est indissociable de la musique et le plus souvent la mélodie jaillit, évidente, de la structure même de la phrase parlée, comme si cette dernière l'avait toujours contenue.

Ainsi la chanson aura accompagné l'humanité de sa naissance à nos jours et continuera de le faire, affirmant sa singularité : être probablement la seule forme d'expression artistique qui soit directement liée aux origines de la musique et de la parole, origines qui, à y regarder de plus près, se révèlent étroitement liées. Le débat qui anime le poète et le musicien du *Capric-*

cio, dernier opéra de Richard Strauss, contemporain de Freud, débute par une querelle : « Prima le parole, poi la musica » ou « Prima la musica, poi le parole », querelle de préséance qui n'a sans doute pas lieu d'être et ne se résoudra donc jamais, la musique ayant de toute évidence soutenu l'homme dès ses premiers pas dans la conquête du langage.

Si, comme on le sait, l'ontogenèse reproduit en maintes occasions la phylogenèse — l'histoire d'un individu répétant dans ses étapes décisives l'histoire du développement de l'espèce humaine —, n'est-il pas imaginable que la rencontre du tout-petit avec la chanson répète ce que fut la rencontre de l'humanité balbutiante avec ce mode d'expression ? Et si, comme on le dit plaisamment : « En France, tout finit par des chansons », ne pourrait-on, en paraphrasant ce joyeux dicton, affirmer également : « Enfance, tout commence par des chansons » ?

IV

The girl with kaleidoscop eyes...

Contre le temps qui devise
Yver et pluie d'esté,
Et la mauvis se débrise
Qui de lonc tems n'a chanté,
Ferai chançon, car a gré
Me vient que j'ai empensé.
Amors, qui en moi s'est mise,
Bien m'a droit son dars geté.

Douce Dame, de franchise
N'ai je point en vous trouvé
S'ele ne s'i est puis mise
Que ne vous esgardé.
Trop avez vers moi fierté,
Mès ce fait vostre bieauté,
Ou il n'a point de devise ;
Tant en i a grant plenté.
[...]
Dès que je li fis prière
Et la pris à esgarder,
Me fist Amors la lumière
Des yeuz par le cuer passer.
Cist conduiz me fait grever,
Dont je ne sai garder,
N'il ne puet torner arriere ;
Li cuers mielz voudroit crever.

Dame, a vos m'estuet clamer
Et que merci vos requiere.
Dieu m'i dont merci trouver !

Thibaut de Champagne.

Quand Lucy chantait

« Au commencement était le Verbe », dit l'une, « A l'origine était le rythme », affirme l'autre, « Avant tout fut le chant », contredit une troisième ! Peut-on espérer que les innombrables théories émises au sujet des origines de la musique et de la parole chantent en harmonie ? A l'opposé d'une univocité, elles se contredisent absolument : ouvrez pour le constater une encyclopédie ou une histoire de la musique, et vous verrez se développer les multiples hypothèses contradictoires...

Nombreux philosophes et mythologues font pourtant pencher la balance en faveur d'une antériorité de la musique, ou plutôt d'une certaine forme de chant, sur la parole. Michel Serres va dans ce sens, lorsqu'il affirme, dans *Genèse* : « Au commencement est le chant », et lorsqu'il nous dit dans *Les cinq sens* et dans *Esthétiques* : « La musique chante avant le langage, avant le sens » ou bien encore : « La musique prévient tout énoncé puisque le langage et les concepts se nichent dans l'irruption du flux acoustique, c'est-à-dire viennent après... » Claude Lévi-Strauss, dans *Le cru et le cuit* qu'il sous-titre *Science des mythes*, donne symboliquement à la musique une place de choix en installant chacun de ses chapitres sous ses augures bienveillants : « Thème et variations », « Chant Bororo », « Cantate » ou « Double canon ». Enfin l'on se souvient de l'Évangile selon Jean, qui, dans un sens bien sûr différent, tranche de façon formelle : « Au commencement était la Parole... toutes choses ont été faites par elle et rien de ce qui a été fait n'a été fait sans elle. »

Freud affirmait que, lorsque deux personnes se querellaient, la question de savoir qui avait raison ne se posait pas : bien évidemment les deux avaient tort ! Il semble en effet, pour sortir de l'indécidable, que la réflexion la plus féconde au sujet des origines respectives de la parole et de la musique est non pas, tâche impossible, de recueillir les indices fortifiant l'une ou l'autre de ces thèses, mais bien d'en tirer, comme les philosophes, la conséquence la plus évidente : rythme et chant sont indissociablement liés aux origines de l'expression humaine.

L'œuvre écrasante qui incomba à l'être doué de langage de nommer l'univers immense qui l'entourait lui fut sans nul doute facilitée par la musique. Ce n'est certainement pas faire violence à l'histoire de l'humanité que d'imaginer, l'ontogenèse une fois de plus se répétant dans la phylogenèse, que le petit d'homme, expérimentant les possibilités de sa voix dans des vocalises et accompagnant du geste ses tentatives, puisse, au travers de cette expérience, retrouver ce que son lointain ancêtre, *Homo* à peine *sapiens*, s'essayait à faire sur le seuil de sa caverne.

De récentes recherches vont d'ailleurs très précisément dans ce sens, une équipe de chercheurs américains ayant tenté de reconstituer ce que pouvait être l'hypothétique langage d'*Homo erectus*, apparu au paléolithique inférieur en Afrique et à Java. Pour ces chercheurs l'appareil vocal de cet ancêtre de l'homme serait en bien des points comparable avec l'organe phonatoire du nouveau-né d'aujourd'hui. Le larynx d'*Homo erectus* était, comme chez le bébé, situé plus haut dans la gorge, réduisant le volume du pharynx et ne permettant que de faibles performances vocales, bien inférieures à celles de l'homme actuel. La langue de notre aïeul était assez développée mais se tenait presque entièrement dans l'orifice buccal : à l'inverse de nous, il ne pouvait pas faire varier le volume de son pharynx pour produire aussi rapidement des sons différenciés. Chez l'homme moderne, l'organe phonatoire à deux cavités, bouche et pharynx, permet une certaine virtuosité à laquelle *Homo erectus*, avec sa seule cavité, ne pouvait prétendre : son élocution ne pouvait être que plus lente et plus rudimentaire que la nôtre.

Le parallèle avec le nouveau-né se poursuit lorsque l'on apprend que pendant les six premières semaines de son existence celui-ci ne mobilise que très peu sa langue, qui reste immobile dans la cavité buccale, son larynx n'ayant pas pris sa place définitive et restant à l'extrémité supérieure de la gorge, comme celui d'*Homo erectus*. Ce n'est qu'autour du troisième mois de la vie, quand la base de la langue et le larynx entament leur descente dans la gorge, que le bébé, à qui le babillage ou la lallation sont enfin permis, s'engage sur le chemin qui le conduira à articuler des phonèmes précis, puis des mots, lui faisant dépasser en subtilité et en rapidité les sons émis par son lointain ancêtre. De plus, le processus de croissance du cerveau d'*Homo erectus*, du fait de sa faible espérance de vie, était beaucoup plus lent que celui de l'homme d'aujourd'hui, et le volume de son cerveau d'adulte était comparable à celui, de nos jours, d'un enfant à la fin de sa première année.

On voit donc qu'il n'est pas excessif d'imaginer que les premières tentatives d'expression de l'*Homo erectus* ont dû se faire sur le mode qui caractérise la rencontre de l'enfant — du latin *infans*, qui ne parle pas — avec l'univers du langage. Avant même que surviennent ses premiers sons articulés et ses premiers phonèmes, l'enfant, de par sa nature même d'être de parole, est poussé à exprimer par la voix les émotions ressenties à l'intérieur de son corps et lors de sa rencontre avec l'univers extérieur. Ce que nous appelons familièrement gazouillis, empruntant ce terme au chant des oiseaux pour caractériser le mode d'expression du nourrisson, est de fait une référence à l'aspect mélodique — et mélodieux — des premières performances vocales du nouveau-né : à peine au monde, l'enfant chante. Lorsque l'émotion laisse la place au besoin, lorsque plaisir, amour ou nostalgie s'effacent devant douleur ou faim impérieuse, alors seulement le chant retourne au cri, pur appel à l'autre.

En fut-il de même pour nos ancêtres des cavernes ? Leurs premières expériences langagières furent-elles placées sous le signe de la musique ? Sans doute si l'on en croit Jean-Jacques Rousseau, quand, dans son *Essai sur l'origine des langues,* il avance : « On ne commence pas par raisonner mais par sentir... Ce n'est ni la faim, ni la soif, mais l'amour, la haine, la pitié, la colère qui leur ont arraché [aux premiers hommes] les premières voix... Voilà pourquoi les premières langues furent chantantes et passionnées avant d'être simples et méthodiques. » Si Rousseau situe l'origine du langage dans les émotions qui résultent de la rencontre de l'humain avec son semblable et non dans les tensions internes du corps propre, c'est tout de même pour lui sous le signe de la musique que se produit cette naissance.

Notre plus lointaine ancêtre connue, de la branche qui allait donner naissance aux Hominidés, est un pré-australopithèque : elle fut baptisée Lucie — Lucy, en anglais — par ses inventeurs et fut découverte dans l'Afar éthiopien. Lucy chantait-elle ? Probablement pas hélas, si nous situons, avec les paléontologues, l'origine du langage chez l'*Homo habilis* ou plus sûrement chez l'*Homo erectus*, il y a de cela 1 500 000 ans, Lucy dépassant quant à elle les 2 500 000 ans ! Mais il est amusant de noter au passage que notre aïeule doit tout de même son prénom à une chanson, qui, comme le raconte Yves Coppens, enchantait les soirées du groupe de chercheurs sur le terrain : *Lucy in the sky with diamonds* des Beatles !

Lorsque l'on passe d'*Australopithecus* à *Homo habilis*, l'anatomie de la base du crâne change et il semble qu'apparaisse alors l'aire de Broca, dont nous connaissons aujourd'hui l'importance quant au développement du langage. Apparaissent également des modifications essentielles de la face interne de la mandibule qui pourraient orienter les suppositions des chercheurs dans le même sens. Pour la majorité des auteurs, il apparaît plus vraisemblable que l'on puisse vraiment parler de langage articulé à partir d'*Homo erectus* ou même d'*Homo sapiens*.

Ainsi le paléontologue Leroi-Gourhan, dans *Le geste et la parole*, envisage la possibilité du langage comme contemporaine du moment où la main de l'homme a été capable d'utiliser l'outil : « Outils et langage sont liés neurologiquement [...] la main et la voix restent étroitement solidaires. » Il avance également, comme Rousseau ou Serres, que l'expression musicale aurait précédé les codifications du langage et qu'elle aurait été la plus à même de traduire le monde des émotions : « Les paléanthropiens chantaient à peu près certainement [...] davantage l'expression de sentiments que la formulation d'idées complexes... »

De tous les mammifères l'homme est celui qui naît le plus démuni. Prématuré par essence, le petit humain ne peut subvenir seul à ses besoins, et dans les débuts de sa vie il paye d'une dépendance totale à l'autre — qui lui assure des soins — le tribut de la supériorité qu'il va acquérir, les années venant, sur le règne animal. Nu et fragile même lorsqu'il arrive à maturité, l'homme ne se suffit pas à lui-même et doit faire appel à des « prothèses » pour assurer sa survie, se construire une carapace de pierre et de ciment, se munir de membres de bois et de griffes de métal, se couvrir d'une fourrure empruntée à d'autres espèces. Isolé et sans défense il doit non seulement se confectionner un logis, des outils et des armes, mais également constituer avec ses semblables un groupe structuré, avec répartition des tâches, et fonder une famille régie par des lois strictes. Dès lors, en proportion des échanges sociaux ainsi développés, le besoin de communiquer ne fera que s'accroître, s'appuyant sur une capacité inhérente à l'homme, capacité qui se double d'une nécessité propre à l'espèce : la faculté de symbolisation.

L'humain, par essence, est muni de cette extraordinaire possibilité qui se révèle être également un impératif, chevillé à son corps d'être parlant ou susceptible de le devenir : l'impératif de la symbolisation. Il faut savoir que le terme « symbole » nous vient du grec « sumbolon » désignant à l'origine un signe de reconnaissance, objet coupé en deux (une pièce de monnaie par exemple), dont deux hôtes conservaient chacun une moitié, qu'ils transmettaient à leurs enfants : le rapprochement des deux parties était le gage qu'une relation d'hospitalité avait été contractée.

Cette coupure du « sumbolon » peut s'entendre aujourd'hui comme une représentation du sujet humain divisé : en effet, depuis Freud, l'illusion d'une conscience entière et inaliénable s'est dissipée, et nous savons l'homme littéralement coupé en deux par la division conscient-inconscient. Ce sujet, chez lequel existe une part inconsciente active, Lacan l'écrira *$*, le sujet barré. Cette métaphore, qui figure de façon saisissante la coupure que subit tout être de parole, est d'autant plus pertinente que le langage, expression même de la dimension symbolique, est, selon Lacan, ce qui cause la division de l'être.

L'être humain *doit* symboliser, que ce soit pour communiquer avec l'autre ou pour mettre en forme ses ressentis, que ce soit pour aimer, pour rêver ou pour créer : il s'agit pour lui d'un impératif bien plus que d'une possibilité, il ne peut y échapper, quelle que soit l'opération mentale à laquelle il se livre. Qu'il puise dans le trésor des signifiants à sa disposition depuis la nuit des temps tout ce que la langue lui offre comme possibilité de création de sens, ou qu'il s'emploie, à l'aube de l'humanité, à en créer de toutes pièces, c'est au même commandement qu'il est tenu de se plier. L'impossible et terrifiant réel auquel l'homme est confronté *doit* être représenté pour être supportable et appropriable. Qu'il s'agisse de son corps propre ou du monde qui l'entoure, tout doit, pour lui, être signifié et représenté dans une ordonnance symbolique, ordonnance dans laquelle à son insu il est lui-même pris et qui a des effets sur son être. En ce sens l'univers symbolique n'est parfois pas moins terrifiant que le réel qu'il est censé endiguer.

Gageons donc que pour l'homme des cavernes il n'y eut pas de choix possible : c'est dans son corps propre, soumis, comme celui d'un nourrisson, à des tensions inouïes, à des rythmes exigeants, à des émotions volcaniques et ceci sa vie durant, qu'il est allé chercher les cris, les modulations, les murmures les mieux à même de traduire sa détresse d'être. Les mélodies que le monde alentour produisait, le chant des oiseaux, le chuchotement des sources ou le souffle du vent l'ont soutenu dans cette première quête d'une représentation. C'est cette expérience qui, pour l'*Homo erectus*, a précédé la grande aventure de la nomination de l'univers immense, inconnu et plein de menaces, qui s'offrait à lui : c'est donc sur fond d'angoisse que le premier chant rythmé, musique du corps, a dû se faire entendre.

Ce que nous appelons aujourd'hui chanson, et qui est la forme musicale liant le plus étroitement musique, rythme et paroles, fut sans nul doute, sous sa forme la plus primitive, le mode d'expression que les premiers hommes auront utilisé pour mettre en forme leur angoisse existentielle.

Le plus ancien instrument de musique connu est la flûte aurignacienne, que l'on peut faire remonter à

60 000 années avant Jésus-Christ. Voilà qui laisse une fois de plus soupçonner que la musique était présente au berceau de l'humanité et qu'à côté des premières percussions que furent les mains, les haches et les pierres l'ancêtre des instruments manufacturés fut un instrument à vent. Née de l'observation par l'homme des effets du souffle de l'air dans les cavités naturelles de la nature et de son corps, la flûte fut sans nul doute l'instrument le plus approprié à évoquer l'image primitive du corps dans son axe bouche-anus. Corps originaire en forme de tube à deux orifices, la flûte, dite « tibia », est elle-même empruntée au corps d'un animal, elle est l'os d'un mammifère.

La flûte, imitatrice de la voix qui s'appuie comme elle sur le souffle, aura probablement été cause d'émulation (pensons à la scène de la folie dans l'opéra *Lucia de Lamermoor* où la cantatrice imite et surpasse le flûtiste dans ses trilles et ses vocalises), incitant ses auditeurs à rivaliser avec elle de volume et de virtuosité avec leur propre organe vocal.

Avant de créer, avant même d'agir, le petit d'homme comme l'*Homo erectus* investit un corps qui émet des sons, il les expérimente et les module : voilà pourquoi la musique, associée aux mouvements du corps dans les danses rituelles de la préhistoire, aura vraisemblablement précédé toute autre forme artistique, voilà aussi pourquoi un embryon de chanson, intime mélange de notes et de mots, aura été le mieux à même de traduire les premières émotions humaines.

Le chant, nécessité intime de tout être parlant, a probablement représenté la tentative originelle d'explication et de nomination du monde, avant qu'un discours organisé puisse remplir cet office. Cette hypothèse se trouve confirmée par le fait que dans toute mythologie, par un classique retournement, la musique est présentée comme étant d'origine divine. Ainsi que le fait remarquer Marie-France Castarède dans *La voix et ses sortilèges*, à chaque fois qu'une mythologie évoque la genèse, un son est produit par un dieu : « La source dont procède le monde est toujours acoustique. »

Il nous faut donc bien imaginer qu'une ébauche de mélodie associée à quelques bribes de mots, fredonnée par une mère *sapiens* à son petit d'homme pour apaiser son angoisse, s'est trouvée à l'origine de l'infinie production musicale qui a marqué toutes les étapes de la culture humaine. La trace à peine perceptible d'une intention artistique, coche sur un rocher, main plaquée sur une paroi, chanson de trois notes, s'est développée pour aboutir à la perfection d'un genre.

Il n'est pas inconcevable, en effet, que la matrice de tous les arts soit résumable à cette scène primitive : accroupi devant un rocher, un des premiers sujets de l'humanité naissante lève une branche et l'abat sur la pierre, accompagnant de la voix le rythme ainsi créé, puis contemple la trace inscrite de son geste efficace. Irons-nous jusqu'à dire que musique, danse, chant et dessin trouveraient leur source dans ce geste unique et inaugural ? Certainement, quand, à l'image de toute activité humaine, fruit de la pulsion, ce geste se répète, inlassable, et se perfectionne tout en s'humanisant.

V

Ah ! Gardez-vous de me guérir !
J'aime mon mal, j'en veux mourir...

Le méchant goût du siècle en cela me fait peur
Nos pères, tous grossiers, l'avaient beaucoup meilleur,
Et je prise bien moins tout ce que l'on admire
Qu'une vieille chanson que je m'en vais vous dire :

Si le roi m'avait donné
Paris, sa grand'ville
Et qu'il me fallût quitter
L'amour de ma mie,
Je dirais au roi Henri :
Reprenez votre Paris,
J'aime mieux ma mie, au gué,
J'aime mieux ma mie.

La rime n'est pas riche, et le style en est vieux ;
Mais ne voyez-vous pas que cela vaut bien mieux
Que ces colifichets dont le bon sens murmure,
Et que la passion parle là toute pure ?

Si le roi m'avait donné
Paris, sa grand'ville
Et qu'il me fallût quitter
L'amour de ma mie,
Je dirais au roi Henri :
Reprenez votre Paris,
J'aime mieux ma mie, au gué,
J'aime mieux ma mie.

Voilà ce que peut dire un cœur vraiment épris.

Molière, *Le Misanthrope*.

En feuilletant l'encyclopédie

Arrêtons-nous à la rubrique qui nous intéresse : « Musique » et ne soyons pas impressionnés par l'épaisseur du chapitre ! L'Antiquité y est certes bien représentée, mais peu de chose, en revanche, pour nous éclairer sur ce que fut la musique avant la flûte aurignacienne ; rien, en tous cas, sur l'art de la chanson chez l'*Homo sapiens* ! Les sillons des poteries, pas plus que les murs des cavernes, n'ont retenu les échos de l'univers musical de nos ancêtres...

Si les premières vocalisations de l'humanité naissante ont eu besoin, comme nous l'avons supposé, de s'appuyer sur la mélodie d'une chanson primitive, si la musique fut une nécessité intime qui permit aux émotions des premiers hommes de trouver une traduction symbolique, l'histoire même de cet art doit en avoir conservé une trace. En effet la musique fut, durant une très longue période, étroitement tributaire du texte avant de pouvoir, autour de la Renaissance, s'en affranchir tout à fait et se développer comme langage autonome.

Pendant de longs siècles paroles et musique sont demeurées inséparables, et en ce sens la préhistoire de la musique s'est confondue avec la préhistoire du chant. Ainsi chez les Sumériens, dont les instruments présentaient déjà une grande variété, la musique était étroitement associée au texte : hymnes portant l'indication des instruments destinés à les accompagner, psaumes avec strophes et refrains. Chez les Indiens, entre 1500 et 800 avant Jésus-Christ, les chants védiques étaient des poèmes chantés. Chez les Grecs du VIIIe et du VIIe siècles, la musique était toujours liée à un texte poétique dont elle épousait le rythme : épopées, hymnes religieux, odes, chansons d'amour ou de banquets, tragédies musicales. Chez les Romains de l'Antiquité la musique consistait essentiellement en des chants folkloriques et religieux.

Il est certain que dans l'Antiquité il exista, parallèlement aux divers chants, une musique indépendante du texte, qu'elle fût destinée à accompagner les danses rituelles (encore que le corps avait là beaucoup à dire !) ou interprétée à l'aide d'instruments utilisés en vertu de leurs pouvoirs supposés magiques. Mais, outre que ces productions demeurèrent marginales, elles furent en quelque sorte des exceptions confirmant la règle : il n'y avait pas, à cette époque, de musique au langage suffisamment développé pour exister de façon autonome, musique sans participation du corps ou de la voix, que l'on aurait pu, comme cela sera le cas des siècles plus tard, écouter sous forme de concert.

A partir du IVe siècle de notre ère l'histoire de la musique se confondit avec celle de la religion, c'est dire si le texte une fois encore y exerça sa prépondérance. Bien plus, l'Église règlementa extrêmement sévèrement les incantations (paroles chantées), de façon à ce que la musique exerce le moins possible sa séduction et ne fasse que souligner, mettre en valeur les textes de l'Ancien et du Nouveau Testament.

A partir du IXe siècle, les « tropes », au départ procédés de notation qui visaient à adapter des paroles quelconques sur des vocalises afin de mieux les mémoriser, devinrent des morceaux indépendants. Ils donnèrent naissance au drame liturgique ainsi qu'à d'autres genres qui en dérivèrent, en particulier les chansons profanes du Moyen Age.

Au XIIe siècle apparurent les poètes-musiciens. Troubadours et trouvères abandonnèrent les premiers le latin au profit des langues vulgaires, langue d'oc au Sud, langue d'oïl au Nord. Gentilshommes formés dans les abbayes, grands seigneurs, ils furent les initiateurs de la musique savante de leur époque. Leurs mélodies étaient encore au début très proches des tropes et, si leurs premières chansons n'étaient pas exemptes d'une certaine grivoiserie, vers la fin du XIIe siècle c'est l'amour courtois qui devint le thème principal de leur production. Certains trouvères comme Thibaut de Champagne ou Jean de Brienne mirent leur lyrisme au service des croisades, et l'esthétique des troubadours et des trouvères gagna l'Europe entière, tout en conservant la marque de son origine française. Les ménestrels, au départ simples exécutants, devinrent eux aussi par la suite compositeurs. Le style des chansons se diversifia et différents genres apparurent : sirventes, chansons satiriques qui tournaient l'ennemi en dérision, planhs qui déploraient la disparition d'un personnage illustre ou aubes dans lesquelles un ami veillant sur le bonheur des amants les prévenait de l'imminence du lever du jour. Limitée à la chanson, l'influence des poètes-musiciens fut étouffée par l'essor de la polyphonie.

L'introduction de la polyphonie marque en effet une date dans l'histoire de la musique, avec l'apparition du motet (Leonin, Perotin, Adam de la Halle). Cette forme de musique, qui devait rapidement se laïciser et se répandre hors des églises, avait la particularité de présenter quatre voix indépendantes, sur lesquelles il était courant de chanter des textes extrêmement différents : un texte religieux sur la mélodie liturgique de la voix inférieure, un texte profane sur la voix organale, deux textes encore différents sur le triplum et le quadruplum, parfois encore une chanson grivoise ou des langueurs d'amour platonique !

Au XIVe siècle, Philippe de Vitry, théoricien de la musique, introduisit une notation nouvelle pour la rythmique, la polyrythmie s'unissant alors à la polyphonie et rendant désuète l'isorythmie jusqu'alors de rigueur dans un même morceau. La vraie gloire de ce siècle fut Guillaume de Machaut, auteur de nombreuses ballades, de motets et d'une messe de Notre-Dame.

Une innovation apparut au XVe siècle lorsque Binchois, rompant avec la tradition des poètes-compositeurs, mit en musique les poèmes des autres. Deux grands noms se détachèrent alors : Guillaume Dufay, et surtout Josquin Des Prés, auteur de vingt messes, d'une centaine de motets, compositeur dont la gloire fut immense et qui occupa le premier rang dans le domaine de la chanson.

Dans la première moitié du XVIe siècle cette dernière éclipsa complètement la musique religieuse et abandonna les anciennes formes fixes pour se rapprocher du courant populaire en éliminant ce qui n'était pas immédiatement perceptible à l'oreille. Le maître de la chanson française fut alors Clément Janequin, qui mit en musique les plus grands poètes de son temps, tels Marot ou Ronsard, et dont la première œuvre, *La bataille de Marignan,* connut une très grande popularité du fait de ses cadences marquées procurant de fortes impressions à ses auditeurs.

Les deux plus fameux compositeurs du siècle, Roland de Lassus et Palestrina, s'illustrèrent l'un dans des œuvres d'une haute spiritualité associées à des pages qui préfigurent le répertoire des carabins, l'autre dans des compositions annonçant Bach et révélant une science subtile des ressources de la voix humaine.

La chanson polyphonique française, encore en plein essor au milieu du siècle, commença alors à montrer des signes de déclin, la mode s'annonçant de la « chanson en forme d'air », expression musicale qui accorde la priorité à la voix supérieure, cette forme de simplification ayant vocation populaire et étant considérée par les musicologues comme une régression. L'origine populaire de ces « chansons en forme d'air » est attestée par les titres de plusieurs recueils, *Chansons et voix-de-ville*, ou encore *Chansons en forme de voix-de-ville*.

Dès à présent un point est à souligner : la chanson populaire ne trouve sa place dans une histoire de la musique qu'à se situer marginalement, chute ou déchet d'une forme artistique sophistiquée, ou bien encore forme considérée comme régression ou décadence d'une expression plus élaborée.

Un grand tournant dans l'histoire de la musique se produisit vers la fin du XVIe siècle : une véritable écriture instrumentale apparut. Jusqu'alors la musique avait été réservée à l'accompagnement des voix ou jouée sur des transcriptions de pièces vocales. C'est en Italie que Giovanni Gabrieli, en 1597, mentionne pour la première fois dans ses *Sacrae Symphoniae* l'instrumentation exacte de chaque pièce. La musique peut enfin exister indépendamment du texte.

Ce très rapide survol de l'histoire de la musique nous permet donc de dégager une donnée essentielle : depuis les débuts de l'humanité, la musique n'est pas parvenue à se libérer du verbe et à acquérir son autonomie. C'est seulement à partir de la Renaissance que musique vocale et musique concertante se développent de façon autonome, la première donnant naissance aux cantates, oratorios et opéras, la seconde ouvrant la voie aux grandes œuvres symphoniques. C'est seulement à la fin du XVIe siècle que se produit cet événement essentiel : jusqu'alors, de la préhistoire, *naissance* de l'homme, à la Re*naissance* (redoublement bien nommé si nous pensons à notre parallèle entre le développement de l'enfant et celui de l'humanité), la musique était demeurée assujettie au signifiant. Avant de pouvoir signifier à son tour il lui aura fallu acquérir, plus tardivement que les autres arts, ses outils fondamentaux, notamment son écriture. Il s'agit peut-être là de cette confirmation que nous cherchions des origines inséparables de la musique et du langage, origines qui ont pesé de tout leur poids sur les siècles d'histoire qui leur ont succédé.

C'est progressivement que l'écriture musicale, par le biais de la solmisation, de l'invention de la portée, a construit sa grammaire propre, ses règles de discours, ses figures de rhétorique. Il n'est pas inutile de rappeler que jusqu'alors le texte lui-même tenait lieu de notation musicale, indiquant la rythmique par ses lois poétiques propres comme chez les Grecs, ou bien encore, ainsi que nous l'avons vu avec les tropes, permettant la mémorisation même de la mélodie et de ses fioritures.

La solmisation qui, en donnant à chaque note son nom, permit à la musique de se dégager du verbe est — c'est à souligner — elle-même issue d'un texte, donc de l'univers du langage.

Ut queant laxis
Re sonare fibris
Mi ra gestorum
Fa muli tuorum
Sol ve polluti
La bii reatum
*S*ancte *I*ohannes.

C'est en effet à l'hymne à saint Jean-Baptiste que la solmisation emprunta ses premières syllabes, syllabes donnant aux notes de la gamme le nom qu'elles portent aujourd'hui. Chez les Anglo-Saxons, c'est la simple utilisation des premières lettres de l'alphabet — A, B, C, D, E, F, G — qui fait office de notation musicale : là aussi il s'agit d'un emprunt au verbe.

Il est remarquable qu'il soit spécifique à la musique, dans l'histoire des arts, d'avoir subi ce retard d'évolution. Cette lenteur à se construire est-elle à attribuer au total asservissement de ce mode d'expression au symbolique, quand les autres formes d'art, qui se situent davantage sur le versant de l'imaginaire, ont plus tôt dans l'histoire de l'humanité atteint des sommets indépassables ? Grecs, Romains, Égyptiens avaient en leurs siècles d'or acquis une perfection architecturale ou plastique quand leur expression musicale en était encore à ses balbutiements. Voilà qui ne peut manquer de soulever des questions. Le développement rapide du langage semble avoir maintenu sa compagne de naissance, la musique, en l'état embryonnaire durant des siècles. On peut cependant remarquer que leur étroite parenté transparaît dans les similitudes que la terminologie musicale présente avec la parole, « phrases », « silences », « langage », « accords » ; et l'on peut noter, avec Platon lui-même, qu'à l'égal des signifiants qui modèlent la psyché humaine « le rythme et l'harmonie ont au suprême degré la puissance de pénétrer dans l'âme et de s'en emparer »...

Or il se trouve que la chanson dite « populaire » n'a pas suivi la même évolution que la musique « savante ». A mi-chemin entre le folklore, reflet de l'histoire des peuples, et la musique « classique », empruntant tantôt à l'un, tantôt à l'autre, elle s'est maintenue comme tradition musicale à part entière. Conjoignant étroitement paroles et musique, elle a toujours eu pour fonction d'accompagner l'homme dans les grandes étapes de sa vie, son enfance, ses amours, ses peines, ses tourments. S'inscrivant de façon indélébile dans l'histoire de chacun, la chanson a donné forme à la mémoire de l'homme. Elle est, et c'est bien là sa spécificité, inoubliable.

Quelles que soient les transformations que son évolution lui a imposées, elle ne saurait exister sans musique et rester simple poème, pas plus qu'elle ne pourrait se passer de texte et demeurer pure mélodie. Immuable dans sa forme depuis les origines, elle lie le verbe et l'harmonie de façon indissoluble. Les subtilités croissantes des arrangements n'ont de prise que sur son accompagnement, et ses mélodies évidentes parlent à notre sensibilité avec une même efficacité au travers des siècles.

Nous avons vu que c'est à partir du XVIe siècle que la musique s'est enfin totalement affranchie du verbe, y gagnant son statut d'art à part entière, créant et perfectionnant son écriture. La grande invention de l'époque, due à Gutenberg, l'imprimerie, lui permit de se transmettre dans l'Europe entière, lui offrant ainsi une diffusion jusqu'alors inimaginable.

Parallèlement à l'histoire de la musique, mais pour ainsi dire en marge, celle de la chanson a suivi son cours, à ceci près qu'elle a conservé l'essentiel de sa forme primitive jusqu'à nos jours, n'ayant que fort peu évolué dans son aspect mélodique — l'apparition du dodécaphonisme, de la musique sérielle ou électroacoustique ayant été sans influence décisive sur elle — comme dans son texte, la rime y étant toujours de rigueur, l'alternance du couplet et du refrain également. Feuilletons de nouveau notre encyclopédie, à la rubrique chanson cette fois, puisque l'histoire de la musique et celle de la chanson n'y sont curieusement jamais confondues !

La psychanalyse nous l'a appris : on n'abandonne jamais tout à fait ce qui fut un mode d'expression premier. Ainsi l'enfant — et avec lui l'humanité entière — n'oublie-t-il pas que ses premières émotions ont trouvé leur traduction sous la forme de chansons. Victoires ou défaites, drames ou joies ont donné depuis toujours naissance à des couplets, et ce n'est pas pour rien que l'on se plaît à dire, particulièrement en France, que notre histoire pourrait s'écrire en chansons.

Chez tous les peuples, il semble donc que la chanson soit née avec la parole, comme une exigence de celle-ci. Tyrcée, Alcée, Anacréon chez les Grecs, Horace chez les Latins avec ses odes en avaient déjà poli le genre. En France la chanson a crû et embelli au fil des âges. Les bardes gaulois s'étaient illustrés dans le chant bachique et satyrique. Les noms si poétiques des troubadours et des trouvères résonnent encore aujourd'hui à nos oreilles : Blondel de Nesles, Adam de la Halle, Charles d'Orléans, François Villon, Clément Marot, Rémi Belleau, Pierre Ronsard. Si, en raison de leurs qualités littéraires, leurs œuvres nous sont parvenues, l'on peut imaginer qu'à la même époque tout un répertoire de chansons populaires courait les rues, se nourrissant de thèmes nettement plus grivois et aux accents sans doute moins poétiques.

A partir du XIIIe siècle apparurent pour le bonheur des historiens les premiers documents réellement transmissibles, les « chansonniers », recueils de chansons parfois agrémentés d'enluminures, tels le *Chansonnier de Bayeux* ou le *Chansonnier du roi de Navarre*. Comme l'imprimerie eut un rôle essentiel dans la diffusion de documents à travers l'Europe, l'invention en 1501 à Venise par Ottaviano Petrucci de Forsombrone d'un procédé spécifique à l'impression de la musique fut un événement décisif pour la mise en circulation de partitions entre les différents pays européens. La transmission rapide des œuvres étant ainsi facilitée, les « chansonniers » purent alors se répandre.

Dès le XVIe siècle la grande ville devint le berceau de la création musicale, et une très grande partie des chansons qui nous sont parvenues intactes sont nées dans ses rues, sous la forme de « voix-de-ville », chansons qui témoignent de l'apport de la cité au patrimoine général. Le Pont-Neuf, à Paris, fut au début du

XVIIe siècle le rendez-vous obligé de la création chansonnière : c'est là que les chanteurs de rue commencèrent à interpréter les airs à la mode en distribuant les textes aux badauds assemblés afin qu'ils les reprennent en chœur et les transmettent à autrui, coutume qui se maintiendra jusqu'au début du XXe siècle où il était encore fréquent de faire cercle dans la rue autour de l'orgue de Barbarie.

Si les tourments de l'amour ont été jusqu'alors le thème de prédilection des auteurs, à partir d'Henri IV et de Gabrielle d'Estrées la chanson gauloise au sens grivois du terme ainsi que la satire se développent. Quelque temps plus tard la Fronde donne lieu à son tour à un débordement de chansons satiriques et licencieuses. Sous le règne de Louis XIV, et malgré une censure vigilante, de nombreux recueils de chansons circulent, parfois même signés des meilleurs musiciens de l'époque. Lulli lui-même ne dédaigne pas le genre, et le duc de Nevers, confirmant le lien étroit entre l'histoire des hommes et leur mode d'expression privilégié, publie un *Abrégé de l'Histoire de France en chansons*.

Au XVIIIe siècle la chanson connaît un essor extraordinaire, grâce notamment à la création, en 1731, d'un cercle consacré à la littérature, la chanson et la gastronomie, « Les Dîners du caveau », qui fit beaucoup pour la propagation et la conservation d'un répertoire chansonnier. Couplets spirituels, chansons populaires, bachiques ou sentimentales rivalisent d'audace. Aucun domaine n'échappe plus à la chanson ; tout est occasion de chansons, la violence sanguinaire y fait même son entrée lors de la Révolution (*Ça ira, ça ira...*).

Sous le Directoire un renouveau de la chanson classique s'accomplit. Les sociétés chantantes fleurissent à la Restauration (il en existait alors dans presque toutes les rues de Paris) et sous les règnes de Charles X, puis de Louis-Philippe, les grands poètes romantiques comme Victor Hugo, Alfred de Musset ou Théophile Gautier se distinguent parmi les chansonniers.

Vers 1845 apparaissent les premiers cafés-concerts qui, véritable institution pendant le Second Empire et jusqu'après la guerre de 70, font beaucoup pour le succès de la chanson populaire. Les noms de leurs vedettes nous sont encore familiers : Paulus, Mayol, Fragson... A cette époque déjà, le public manifestant des exigences de renouvellement, le répertoire doit se mettre rapidement au goût du jour, ce qui demande aux auteurs et aux compositeurs associés à cette forme de spectacle une production rapide et variée ! De fait les genres abordés au café-concert sont très divers : on y chante la politique et les sentiments patriotiques, mais aussi le répertoire leste, voire scatologique. La vie de la caserne y est illustrée par les fameux « comiques troupiers », et bientôt la chanson sentimentale y occupe la première place.

Une nouvelle étape importante de cette évolution est franchie en 1882 avec la création du cabaret du « Chat noir » où des poètes chansonniers, interprétant leurs propres compositions, provoquent la renaissance de la chanson littéraire. Aristide Bruant et Yvette Guilbert, qui s'est déjà illustrée au café-concert, annoncent tous deux, en grands créateurs, une modification profonde de l'art chansonnier.

Après la guerre de 14-18 le café-concert laisse la place au music-hall, avec ses célèbres meneurs ou meneuses de revue, tels Maurice Chevalier ou Joséphine Baker. Mais la véritable vedette de la revue de music-hall, c'est la chanson, et c'est en son honneur qu'un nouveau genre voit alors le jour, genre que Yvette Guilbert, toujours elle, fut parmi les premières à pratiquer, le tour de chant. Cette forme inédite de spectacle, où la mise en scène — et la mise en gestes — sert d'écrin à la chanson, révèle au public ses nouvelles étoiles, les Mistinguett, Dranem, Marie Dubas, Damia, Fréhel...

Si la diffusion médiatique est loin à cette époque d'être ce qu'elle est de nos jours, le développement rapide de l'édition musicale, du disque 78 tours et surtout de la radio qui consacre après 1920 une part importante de ses émissions à la chanson, en démultiplie le public potentiel. Nous entrons alors, avec des chanteurs comme Trenet ou Piaf, dans ce qui fait notre actualité, où les vedettes de la chanson, qui jouissent — avec celles du cinéma — de la renommée la plus éclatante, se comptent par centaines.

L'histoire que nous venons de survoler pourrait être contée d'une autre façon, en remontant par exemple les années dans l'arbre généalogique d'une profession ou d'une corporation : nous cheminerions alors dans l'histoire de la chanson de marins, de la chanson d'étudiants, des hymnes militaires, nationaux ou religieux, de la chanson grivoise, sociale, enfantine, des comptines et berceuses, de la chanson à boire... On s'apercevrait rapidement que l'énumération risquerait d'être sans fin, car il n'est pas un domaine de l'activité humaine qui ait échappé à la mise en refrains de ses soucis et de ses joies propres. Chaque corps de métier, chaque institution, chaque trait même qui nous caractérise comme être social et voué à la parole ont donné matière à chanson.

Si, comme on peut le voir, l'histoire de la chanson est riche, il importe surtout de remarquer que cet art éminemment populaire a toujours entretenu une relation des plus intimes avec son auditoire, qu'il fut à chaque époque en phase avec lui, ce qui le différencie radicalement de toute autre expression artistique. La peinture, à partir de l'impressionnisme et surtout de l'abstraction, s'est éloignée du goût du public. Il en va de même pour la sculpture et en partie pour la musique, qui, depuis le début du siècle, avec l'introduction de la dodécaphonie, de la musique sérielle et électro-acoustique, est loin de s'adresser au plus grand nombre. Mais l'on sait que la véritable vocation de l'artiste, particulièrement lorsqu'il touche au génie, est de frayer de nouveaux chemins, dût-il pour cela provoquer l'incompréhension, voire l'aversion de ses contemporains. C'est peut-être pourquoi la chanson, dans sa capacité à rallier les suffrages du public le plus large, s'est vu souvent affubler des épithètes peu flatteuses d'art mineur ou de sous-art.

On ne peut pourtant nier que la chanson nous parle intimement, aujourd'hui comme hier, dans une langue pratiquement inchangée, et que si elle se trouve, à l'aube du XXIe siècle, loin devant les autres formes d'art — en termes d'audience s'entend — c'est sans aucun doute parce qu'elle correspond à une nécessité profonde, enracinée chez tout être parlant dont la caractéristique est de demeurer attaché sa vie durant à ses premières expériences. Si nous sommes aussi indéfectiblement liés à ce mode d'expression, serait-ce parce qu'il symbolise ce retour à nos origines, à ce que fut, pour nous comme pour notre ancêtre des cavernes, l'expérience cruciale de l'entrée dans le langage ?

Pour faire une fois de plus retour de l'enfant de l'homme à l'enfance de l'humanité, nous répéterons que la toute première tentative de symbolisation d'un tendre sentiment, maternel sans doute, a dû se faire sur le mode d'une ébauche de signifiant associée à un rudiment de mélodie. Comptine, berceuse ou plainte, en ce sens la chanson serait le moule de toute forme d'expression ultérieure, musicale ou parlée, ancêtre lointain de *Au Clair de la lune* comme du *Lamento d'Ariane* et de la prose comme de la poésie. Au contraire de ce que les multiples ouvrages sur l'histoire de la musique laissent penser, la chanson ne serait pas une création en marge ou un déchet de la production artistique dite « savante », mais bien au contraire la matrice, l'état originaire de celle-ci. Que les paroles en disparaissent pour laisser la musique seule y imposer son vocabulaire, et le chemin est ouvert aux grandes œuvres symphoniques ; qu'elle-même s'ennoblisse, et la voici devenir lied, cantate ou opéra ; qu'enfin son texte demeure, absorbant la mélodie qui le portait pour devenir musique à lui seul, jouer de ses sonorités et de ses équivoques, et la voici devenue poésie.

Qu'elle soit à ce point originaire, néo-natale pourrions-nous dire, expliquerait que la chanson, dans sa structure même, ait si peu varié au fil des siècles. Cette forme d'expression, mère de toutes les autres, aura laissé croître et prospérer ses enfants dans leur arbre généalogique, se maintenant quant à elle dans son état primitif pour rythmer nos joies et nos peines de ses refrains et couplets alternés, et ceci depuis la nuit des temps.

VI

Que sera, sera,
Laissons l'avenir venir,
Qui vivra verra...

Autour du poste

L'œil vert illuminera encore beaucoup de veillées avant de se refermer pour entrer dans l'oubli et reléguer le gros poste de T.S.F. au rang des antiquités. Sous la protection de sa lueur magique les premiers feuilletons donnent rendez-vous à la famille, chaque jour, à l'heure des repas. Le petit garçon, guettant leur réaction, rit avec les adultes souvent sans saisir ce qui fit le génie de Pierre Dac dans les délirants épisodes de *Signé Furax* ; il attend comme de vieux amis Jeanne Sourza et Raymond Souplex, Carmen et La Hurlette trinquant au beaujolais *Sur le banc*, se réjouit des facéties de Zappy Max dans *Ça va bouillir !*, s'imprègne des sentences de *La minute de Saint-Granier*, se retrouve dans le quotidien de *La famille Duraton*, ou se régale de la cruauté du *Radio Crochet*. Et les réclames, qui serinent leurs ritournelles comme des chansons à la mode, l'invitent à reprendre avec elles : « Dop, Dop, Dop ! », « Cadum, Cadum, Cadum, lanoliné ! Les p'tits Cadums entretiennent la beauté ! », « La Boldoflorine, la Boldoflorine, la bonne tisane pour le foie ! »

De grands jeux radiophoniques marquent l'époque,

et l'enfant est sensible à la gravité du moment où la question de la finale est posée au candidat de *Quitte ou double*, après de longues semaines de jeu. Des années plus tard lui restera de ces soirées solennelles l'image de l'index autoritaire du grand-père imposant le silence à la famille.

Et toujours, bien sûr, s'échappant du poste pour rythmer le quotidien de leurs refrains, des chansons qui se faufilent dans la maison et traversent son atmosphère paisible autour du battement régulier des pédales de la machine à coudre de grand-mère, des chansons qui donnent au petit garçon d'imprévisibles nostalgies, font parfois taire les conversations pour laisser s'élever la voix légère d'une cousine, et s'insinuent dans la cuisine, se mêlant au bouillonnement de la soupe et à son parfum prometteur, ritournelles qui courent sur les lignes du cahier, entre la plume Sergent-major et le flacon d'encre violette, pour agrémenter de leur rimes la dictée du soir. Des chansons encore, pour qu'il puisse danser avec sa tante autour de la table de la salle à manger, pour qu'il trouve le courage de descendre à la cave, la vigueur de se brosser les dents en cadence ; *Une chanson douce*, aussi, pour qu'il s'endorme apaisé, la petite chienne noir et blanc blottie entre ses pieds. Des chansons, toujours, pour que sur la route des vacances la traction-avant résonne du bonheur de la famille, protégée à distance dans ses aventures estivales par le regard bienveillant de l'œil vert.

On vend à la librairie des recueils où l'on trouve les textes des chansons, et le petit garçon a l'impression de rentrer de plain-pied dans l'univers lumineux de la radio lorsqu'il peut suivre sur les petits fascicules les paroles des succès qu'il entend chaque jour. Des titres enchantent déjà sa mémoire, et ses années d'enfance resteront celles de *La goualante du pauvre Jean*, de *Mon pote le gitan*, d'*Un jour, tu verras* ou des *Lavandières du Portugal.* Bourvil saura l'émouvoir avec sa touchante *Ballade irlandaise*, Montand l'amuser avec *Le chat de la voisine* et Piaf l'impressionner lorsqu'il entendra sa voix immense et douloureuse dans *Milord.* Déjà le cynique Gainsbourg l'inquiétera avec son *Poinçonneur des Lilas*, et avec *Faut rigoler* il se sentira proche de l'âme enfantine de Salvador.

Il est une expérience que le petit garçon n'oubliera pas, souvenir d'un après-midi au parc, alors qu'il vient une fois de plus d'explorer le rocher fantastique qui trône au milieu de la pelouse, parcourant ses cavernes à quatre pattes avec la délicieuse sensation de s'y perdre. Il débouche en plein soleil et se précipite sur une balançoire libre, lui imprime un large mouvement et, grisé par le souffle du vent sur son visage, entonne une chanson. Il s'aperçoit alors que pour la première fois il a repris une mélodie entendue à la radio, *Moulin-Rouge*. « Moulin des amours... » : les mots viennent tout seuls ; enchaînés au refrain ils se déroulent sans peine, comme à son insu, et c'est pour le petit garçon un curieux sentiment de puissance : il a accompli un pas de plus dans le monde des adultes. Désormais cette chanson lui appartient et à sa suite toutes les autres, à n'en pas douter. Il ne s'agit plus pour lui de répéter, avec sa classe ou dans le giron maternel, les comptines et les *Chansons de France* du livre bleu qui trône sur le piano : il a pris ce jour-là possession d'un autre répertoire, il a ouvert l'immense volume des titres que fredonnent les « grands », porteurs d'émotions nouvelles. Dès lors la série sans fin des mélodies qui, portées par le rayon d'émeraude, franchiront le rideau du poste de T.S.F. lui sera acquise.

Mais l'œil vert se fatigue, les pas de grand-mère se font plus lourds, les rhumatismes de grand-père plus douloureux, et les ampoules aveugles du grand poste vivent leurs derniers jours : bientôt le compagnon des soirées tranquilles va rejoindre au grenier le poste à galène, la collection de disques 78 tours et le gramophone avec sa corolle de métal. Une invention va bientôt clore pour toujours le regard fluorescent du cyclope : un petit poste amusant et maniable apparaît qui ne trônera plus sur la cheminée mais suivra, émettant de nouveaux refrains, la famille dans tous ses déplacements.

Est-ce la voix de Geneviève Tabouis, déjà marquée par les ans et forte de ses certitudes, prophétesse de l'avenir politique écoutée chaque soir avec respect par les adultes, est-ce cette voix de pythonisse qui lui annoncera, rien qu'à lui, qui a grandi à l'ombre du poste : « Attendez-vous à savoir, petit garçon, que le transistor est né... » ?

VII

Il court, il court, le furet,
Le furet du bois, mesdames...

Aux premiers temps de l'analyse, quand je me trouvais seule avec Sylvie, je tenais dans mes bras une petite boule hurlante. Mais je trouvais bien vite une façon de la calmer : je la serrais très fort contre moi et, me promenant avec elle dans les pièces de l'appartement où se trouve mon cabinet médical, je lui nommais au passage les objets rencontrés... Comme j'avais alors des enfants en bas âge, il me vint l'idée de lui chanter ce que je voulais lui dire. Je m'aperçus que la mélodie l'apaisait — elle mettait alors sa tête contre la mienne et semblait très attentive. Je lui chantais ce qui me passait par la tête en variant les rythmes. Il m'arrivait de reprendre les paroles de la mère. Par exemple, je fredonnais : « Une maman a dit : Ma petite fille est méchante, mais moi j'ai vu la petite fille qui regardait sa maman, elle pensait des choses dans sa tête ; que pensait cette petite fille ? Je voyais ses yeux qui voulaient dire quelque chose, qui voulaient répondre à sa maman, etc. » Je lui chantais aussi les comptines où l'on désigne les parties du corps en les touchant : grand front, jolis yeux, bouche fleurie, etc. ou d'autres, telles que le Beau Bébé :

— Je vois, Madame
Que vous avez un beau bébé.
— Mais oui, Madame,
Je suis en train de le bercer.
Tire lan boulé, tire lan boulaine,
Ah ! Qu'on a de la peine,
Tire lan boulaine, tire lan boulé,
D'élever son bébé.

avec les variantes : « Je suis en train de le laver », « Je suis à le faire manger », etc.

Anny Cordié, *Un enfant psychotique.*

« L'enfant do... »

La bonne rencontre est un privilège dont l'empreinte vive marque une existence : la courbe d'une statue trouble une main d'enfant qui en garde le frémissement, le regard échappé d'un portrait rencontre celui, non moins mélancolique, d'un écolier en visite dans un musée, un premier livre « sans images » fait perdre à son jeune lecteur la notion du temps. Mais ils sont nombreux, ceux qui, pour des raisons culturelles ou psychologiques, ne seront jamais touchés au plus vif d'eux-mêmes par une œuvre d'art. Ils pourront cheminer leur vie durant sur des voies qui les laisseront à jamais à l'écart de ce bonheur, sans que l'attrait de la littérature leur fasse dévorer les rayons des bibliothèques, sans que la joie de se faire « arracher les yeux » par un tableau — selon l'expression de Lacan — leur soit une seule fois donnée. Pour ceux-là aucune forme d'art n'occupera la moindre place, et ceci sans dommage autre qu'un appauvrissement de leur monde intérieur.

Il est en revanche un rendez-vous qui ne sera manqué par personne : tout individu — et celui-là même qui n'aura subi aucune influence artistique — rencontrera, dès le début et tout au long de son existence, la chanson : elle donnera une première forme à ses émotions et facilitera son accès à la parole. Dirons-nous qu'il s'agit là d'un « passage obligé » pour l'humain ? C'est en tous cas un trait qui distingue radicalement la chanson, comme mode d'expression, du reste des productions artistiques.

Contrairement à toute autre forme d'art, en particulier la musique savante, vis-à-vis de laquelle nous devons avoir une démarche active et qui nous impose une attention soutenue — si nous voulons y repérer une ordonnance ou des leitmotive —, la chanson s'impose à nous. Presque à notre insu elle instille son refrain dans notre mémoire et nous nous surprenons à en fredonner la mélodie dès après la première écoute, ce qui nous serait impossible avec une œuvre musicale dite classique.

C'est parce qu'elle fait appel à un mécanisme primaire que la chanson parvient à ce résultat : son impact est immédiat, il est issu d'un processus mental qui ne doit rien ni à la réflexion ni à l'intellect, qui ne nécessite aucun apprentissage. Si la chanson imprime aussi directement ses effets sur notre sensibilité elle doit ce résultat — entre autres — à la répétition qui la fonde et aux rythmes simples sur lesquels elle s'appuie. En cela elle fait écho aux nombreux rythmes auxquels obéissent les fonctions vitales et les besoins de notre corps.

Si notre caractéristique essentielle en tant qu'êtres humains est d'avoir accès au langage, d'être les sujets d'une parole qui organise chacun de nos processus de pensée, il ne faut pas pour autant oublier que cette parole est incarnée, qu'elle émane d'un corps sur lequel en retour elle produit des effets. Ce corps est soumis à des rythmes exigeants : rythmes d'horloge exacts et répétitifs qui en scandent le fonctionnement. Nombreux, leur liste ici n'est pas limitative : le rythme cardiaque tout d'abord qui projette le sang avec puissance — dès le premier mois suivant la conception — dans le moindre de nos vaisseaux, les rythmes du sommeil et de l'état de veille, ceux des besoins naturels qui clament leurs exigences à intervalles réguliers, faim, soif, excrétion, mais également, ainsi que nous l'a enseigné Freud, les pulsions qui, comme leur nom l'indique, fonctionnent de façon rythmique, et enfin l'inconscient lui-même qui, avec ses moments alternés d'ouverture et de fermeture, n'échappe pas à cette rythmicité.

La voix humaine, instrument de la parole et du chant, doit elle aussi son existence à un phénomène répétitif : elle est en effet produite par une vibration périodique, réalisable par l'homme du fait qu'il est le seul des mammifères à pouvoir accoler ses cordes vocales au moment de l'expiration. La série d'ouvertures et de fermetures résultant de cette opération crée dans la colonne d'air des pressions différentes, dont le nombre par seconde déterminera la fréquence du son.

Comme on le voit, notre fonctionnement physiologique, ainsi que psychologique, est tout entier soumis au rythme, sous la forme d'un emboîtement de mécanismes de répétition. C'est sans doute ce qui fait que toute création dans le domaine de la chanson nous paraît rapidement familière et nous voit bientôt prêts à reprendre son refrain. Notre corps, sollicité par un mode d'expression qui lui emprunte à tous niveaux sa caractéristique essentielle, suit aussitôt le rythme en se balançant : par sa structure même, la chanson nous berce. Nous reconnaîtrons en cela une de ses vocations premières.

L'effet de répétition sur lequel s'appuie la chanson répond dans le même temps à une aspiration typique de la psyché humaine que Freud a su repérer : l'aspiration infantile au retour du même. C'est une semblable exigence qui impose au conte de fées d'être raconté avec des accents identiques, à la virgule près, faute de quoi l'enfant n'y trouve pas l'apaisement attendu. Voilà pourquoi le texte de la chanson, aussi simpliste soit-il, demeure un impératif, inséparable de la mélodie, et pourquoi l'association des deux, dès l'époque de la berceuse, satisfait pleinement chez l'homme cette exigence de retour du même.

Il en va tout autrement de la musique vocale dite classique : les paroles d'un ouvrage lyrique, d'un grand air d'opéra ou d'une cantate gagnent à être mal entendues, voire oubliées tant le texte y est forcé, plié aux nécessités de la musique. Un mot peut y être étiré, déformé à l'infini au bénéfice d'une vocalise. On sait d'autre part que dans le domaine de la musique religieuse des centaines de messes ou de requiems ont été composés sur un texte rigoureusement identique, immuable. S'il y a tyrannie de la mélodie sur le texte du côté du lyrique, ou exigence extrême d'un texte producteur de mélodie du côté de la musique religieuse, c'est en revanche un tout autre rapport que l'on observe dans le domaine de la chanson. Radicalement différent de celui qui est à l'œuvre dans le domaine classique, c'est un mode de relation qui lie notes et mots de la façon la plus indissociable.

Dans la chanson, en effet, la mélodie naît de la sonorité et du rythme de la phrase qu'elle accompagne, et la phrase s'y soutient de la musique qui la porte. C'est cette naissance gémellaire qui explique que soit si souvent posée aux auteurs-compositeurs la question qui vise un fait apparemment intriguant : « Commencez-vous, lorsque vous créez une chanson, par le texte ou par la musique ? » Cette question, dans son intitulé même, referme la boucle ouverte plus haut tant elle rejoint la question sur les origines de l'expression musicale : y a-t-il ou non antériorité de la mélodie sur la parole au commencement du monde ? La réponse des auteurs et compositeurs à cette interrogation est d'ailleurs tout aussi chargée d'ambiguïté que celle des historiens de la musique : les uns prétendent commencer par la musique, les autres par le texte, le plus souvent ils évoquent le fait que la première appelle le second et inversement, dans un phénomène d'émulation réciproque ! Voilà qui ne manque pas de nous renvoyer une fois de plus à nos hypothèses d'un modèle archaïque de chanson qui pourrait bien avoir été présent à l'aube de l'humanité comme première forme d'expression de l'être parlant.

La question de la redondance dans le domaine de la chanson — réitération sous plusieurs formes différentes d'un même trait signifiant — appelle une réflexion supplémentaire facilitée par les travaux de Lacan. Il est possible en effet de trouver dans cette œuvre matière à étayer notre réflexion sur la structure de la phrase parlée et de la phrase musicale, phrases qui se combinent si harmonieusement dans la chanson. Nous nous limiterons pour cela au séminaire qu'il tint sur *Les formations de l'inconscient* (1957-1958), nous bornant de plus à n'y emprunter qu'un schéma, qui nous paraît, dans le premier stade de son élaboration, le plus à même d'éclairer les mécanismes qui sous-tendent la phrase parlée.

Survolons, aussi rapidement que nous l'avons fait pour l'histoire de la musique, quelques apports essentiels de la pensée de Lacan à la doctrine psychanalytique, conscients que nous sommes de la gageure que représente un tel projet ! Lacan, s'inspirant des travaux du célèbre linguiste De Saussure, s'est intéressé, encore que sur un mode passablement différent, à l'objet même de la linguistique, la langue [1]. Il rappelle ainsi à la communauté psychanalytique que le tranchant de la découverte freudienne est à maintenir, et que pour cela il faut revenir à ce qui fait l'essentiel de son objet, la parole du sujet [2].

---

1. Partant du signe linguistique, qui est décrit par De Saussure comme un rapport signifiant/signifié (image acoustique/concept), Lacan va mettre l'accent sur le seul signifiant en insistant sur l'autonomie de ce dernier et sur sa capacité à s'organiser, à se combiner au-delà de la signification originelle pour créer d'autres effets de sens (ou de non-sens !). C'est ce qui lui permettra de montrer à quel point le langage, enraciné dans l'être humain indépendamment de toute intention de signifier, peut avoir, à l'insu de ce dernier, des effets qu'il appartiendra à la psychanalyse de déchiffrer.

2. Les analystes de la seconde génération semblaient en effet avoir oublié la leçon de leur maître — particulièrement évidente dans *La science des rêves* et dans *Le mot d'esprit et ses rapports avec l'inconscient* — au profit d'une théorisation psychologisante et normalisante qui en affaiblissait considérablement la portée. Retournant donc à l'étude du discours et de ce qui en fait les règles, aidé notamment en cela par la linguistique et la rhétorique, Lacan va démontrer que le langage est « la condition de l'inconscient » et que le sujet parlant est régi par les lois d'une parole qui le divise et qui l'agit.

Suivant dans cette voie très fidèlement Freud, mais avec des instruments fournis par les sciences d'aujourd'hui, Lacan, dès les

Ayant avancé que les lois qui régissent l'inconscient sont à mettre en parallèle avec celles qui déterminent le langage, Lacan fait un pas de plus en s'interrogeant sur ce qu'engage pour le sujet l'acte de parole. Un schéma complexe, le « graphe du désir », lui permet d'en tirer toutes les conséquences. Cette figure présente, dans sa forme aboutie, de nombreux étages, mais nous ne lui emprunterons que son ébauche, sa forme primitive, qui figure simplement ce qui se passe lorsqu'un sujet parle, lorsqu'il prononce une phrase. Comment intervient le désir du sujet dans cette énonciation, c'est ce que le schéma, reproduit page 110, tente d'éclairer.

Dans ce schéma, qui servira de base à l'élaboration ultérieure du « graphe du désir », Lacan postule l'existence de deux grands axes, qui se développent dans deux directions opposées et se recoupent en deux points que nous appellerons (A) et (B) dans un souci de simplification : le premier, (A), qui recèle en quelque sorte le trésor de la langue — tous les signifiants imaginables —, et le second, (B), qui figure la ponc-

débuts de son enseignement, démontre que les mécanismes fondamentaux qui déterminent ce qu'il appellera le « parlêtre » (néologisme qui illustre le lien indissoluble qui existe entre l'homme et la parole) et le fonctionnement de son inconscient sont à mettre en relation avec ceux qui sont à l'œuvre dans le discours. Ainsi condensation et déplacement, les deux essentiels modes de traitement des représentations par l'inconscient décrits par Freud, sont assimilés respectivement à la métaphore et à la métonymie, figures de base de la rhétorique — donc règles de fonctionnement du discours —, ce qui permet à Lacan de poser, comme la première pierre d'un édifice, la formule qui fit l'objet de plus d'un débat passionné : « L'inconscient est structuré comme un langage. »

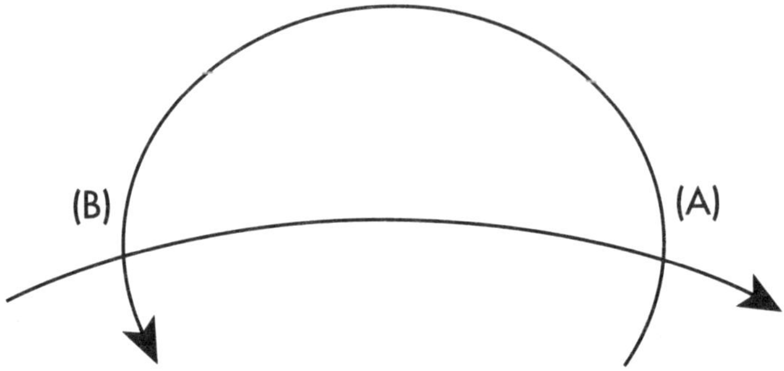

tuation de la phrase, moment d'inscription du désir du sujet dans le discours [1].

Ce schéma a entre autres mérites celui de nous montrer qu'une phrase ne se boucle qu'avec son dernier terme. A ce moment seulement son premier terme, dans l'après-coup, prend toute sa signification. Plus la phrase avance dans son énonciation, plus les possibilités de sens se restreignent. L'éventail du choix des termes pour la clore se rétrécit sous la contrainte de la création de sens qui, manifestant ses exigences, n'autorise plus la sélection de n'importe quel mot. Lorsque enfin le dernier mot est prononcé, alors le sens final

1. Au niveau du premier point on peut envisager que les signifiants se réduisent à leurs plus petits éléments divisibles : les phonèmes. On sait que les phonèmes sont les particules élémentaires qui, par leur combinaison, créeront les mots, avec leur signification précise. Ces phonèmes ont pour catactéristique de n'être pas interchangeables, ils s'opposent les uns aux autres, et le choix, dans l'énoncé, de l'un ou de l'autre influe sur le sens de la phrase. Le point (A) est donc celui où le choix se fait dans le discours courant, celui qui autorise toutes les permutations imaginables, toutes les probabilités de création de sens, alors que le point (B) figure celui de la prise de parole proprement dite du sujet.

apparaît. Resté jusque-là indéterminé, il éclaire dans l'après-coup le début de la phrase.

L'orientation des deux axes précise cette dynamique : le premier des deux se déploie logiquement de gauche à droite, comme une phrase écrite, alors qu'en revanche le second — celui qui inscrit par la phrase le désir du sujet dans l'univers du discours — procède rétroactivement, avec sa flèche qui va de droite à gauche, figurant l'effet d'après-coup dont se nourrit le sens.

La métaphore qu'emploie Lacan pour qualifier ce phénomène de *point de capiton* nous montre bien comment l'aiguille du locuteur fait son chemin dans la tapisserie de la langue pour y broder, par l'effet de sens, son désir exprimé.

Tentons d'appliquer ce schéma, et ce qu'il implique, à l'univers musical. Le parallèle est tentant de faire de la syntaxe musicale un équivalent de celle de la langue, mais nous ne le pousserons que dans une certaine limite pour illustrer notre propos sans nous attirer les foudres des musicologues ! Les notes, qui, contrairement aux phonèmes, suivent une progression chromatique (se succédant par ordre de hauteur), partagent cependant avec ces derniers plusieurs caractéristiques : elles sont les plus petits éléments significatifs du discours musical, ne sont pas interchangeables et s'opposent les unes aux autres pour créer ce que nous pourrions appeler (encore qu'il soit plus imaginaire que symbolique) *leur effet de sens* : la mélodie. Il n'y a qu'un pas à franchir pour appliquer l'ébauche du graphe cité au discours musical : le point (A) est cette fois le lieu du trésor de la gamme, avec toutes les notes disponibles dans une tonalité pour, à partir d'une combinatoire, produire la mélodie, et le point (B) celui, disons, de l'acte créateur du compositeur qui vient crocher dans la gamme, n'exprimant pas moins son désir, par cet acte, que le locuteur plus haut cité. L'effet d'après-coup est tout aussi présent dans ce cas puisque ce n'est qu'après la dernière note émise que la mélodie peut se conclure, sonner comme telle à nos oreilles et renvoyer rétroactivement à la première note qui prend dès lors tout son sens et sa place d'origine dans la logique de la phrase musicale.

De la même façon que pour la phrase parlée, nous pouvons dire que plus la mélodie progresse moins ses possibilités de résolution sont nombreuses : si une note en appelle un certain nombre à sa suite, elle n'appelle pas pour autant toutes celles de la gamme, loin de là, du simple fait que les accords qui soutiennent ces notes se succèdent dans un ordre qui ne peut être aléatoire et qui obéit à des lois strictes : un accord n'en appelle à sa suite qu'un nombre limité d'autres, de même que n'importe quelle note de la gamme ne peut être jouée sur un accord donné. Lorsque l'on parle, en musique, de *résolution*, il s'agit là bien sûr d'un terme technique, mais il est remarquable qu'en dehors même des règles d'harmonie la non-résolution produise, à l'écoute, une tension qui demande à être apaisée. La suspension du sens, dans le domaine de la parole, produit les mêmes effets que dans celui de la musique : un manque est alors créé chez l'auditeur, manque qui ne peut être comblé que par une ponctuation.

Nous voyons donc, grâce au schéma lacanien, que la phrase parlée et la phrase musicale procèdent — du moins en ce qui concerne leur déroulement, leur scansion (c'est-à-dire leur ponctuation) et leur effet de sens

— du même phénomène. L'effet de redondance, dû à la répétition qui satisfait la tendance rythmique naturelle de l'homme et sa tendance infantile vers le « retour au même », est présent du fait des deux niveaux qui sont parallèlement à l'œuvre dans la structure de la chanson.

Au niveau le plus évident, *manifeste* pourrions-nous dire, la redondance est produite par le rythme de la musique associé à celui du texte, ce dernier y satisfaisant par la rime, l'alternance couplet-refrain, la répétition des mots clefs et de la mélodie.

A un niveau plus profond, *latent*, la redondance tient cette fois à la superposition des deux phrases — parlée et musicale — obéissant toutes deux aux règles que le premier pas du graphe nous a permis de mettre en évidence : résolution, bouclage de la phrase par le dernier terme et phénomène d'après-coup.

C'est donc cette double articulation — redondance à deux niveaux — qui est à l'œuvre dans la chanson. Elle satisfait, chez les auditeurs que nous sommes, à la fois notre aspiration au retour du même et la nécessité rythmique que nous ressentons physiquement aussi bien que psychiquement. Elle apporte en ce sens un début d'explication au plaisir que nous procure l'écoute d'une chanson. Gardons cette notion en mémoire afin que la suite de notre démonstration puisse tenter de s'en éclairer.

« Enfance, tout commence par des chansons », affirmions-nous en paraphrasant un célèbre dicton : nous pousserons plus loin cette fois notre investigation en nous interrogeant sur ce qu'il en est de la vie intra-utérine, dont nous savons aujourd'hui qu'elle est riche de perceptions et d'émotions alors qu'on la supposait, à une époque pas si lointaine, paisiblement vouée au « silence des organes ».

Grâce à de nombreuses recherches, en particulier en haptonomie — la science qui s'intéresse au comportement et à la personnalité de l'enfant in utero —, nous avons appris que le fœtus n'est pas cette sphère de pur narcissisme, à l'abri des rumeurs du monde, centrée sur ses seules perceptions internes : l'expérience a montré qu'il réagit de façon très sensible à toute modification de l'environnement. Variations de l'humeur maternelle, bruits extérieurs, contacts physiques à travers la paroi abdominale, comptent parmi les stimuli auxquels le fœtus répond à sa manière : mouvements, retournements, accélération du rythme cardiaque, repli sur soi.

Des études récentes nous ont permis de nous faire une idée de l'environnement sonore du fœtus, qui, loin d'être d'une totale quiétude, est au contraire rythmé de façon intense par les bruits de l'activité digestive et par les battements du cœur maternel, plus rapides que ceux du fœtus et produisant donc dans leur rencontre avec ceux-ci un rythme syncopé. A partir de sept mois et peut-être beaucoup plus tôt (vers quatre mois et demi les terminaisons du nerf auditif sont déjà identifiables et des sensations auditives sont tout à fait possibles) le fœtus est capable de répondre par des manifestations motrices ou d'accélération de son rythme cardiaque à des perceptions sonores externes, celles-ci, transmises par le liquide amniotique, lui parvenant dans la limite de leurs fréquences basses.

Ainsi il est admis que le fœtus peut recevoir une partie du spectre de la voix maternelle, entendue et reconnue par lui essentiellement grâce à son intonation.

En effet, des enregistrements ont été effectués, reproduisant les conditions dans lesquelles le fœtus peut percevoir la voix : ces expériences ont prouvé que la parole recueillie par cette méthode n'a qu'une très faible intelligibilité, et que seuls certains mots simples et bien isolés peuvent être reconnus par l'expérimentateur. En revanche on retrouve parfaitement certains traits que nous pourrions qualifier de *mélodiques* : le rythme et l'intonation de la voix, traits qui se détachent du bruit de fond intra-utérin.

L'un des chercheurs dans ce domaine, Carolyn Granier-Deferre, coauteur de l'ouvrage collectif *L'aube des sens*, n'hésite pas à poser la question d'une sensibilisation précoce à la parole chez le fœtus : « Quand on pense à certaines expériences dans le domaine du langage, réalisées avec le nourrisson, on peut se demander dans quelle mesure il n'existe pas, in utero, une certaine forme d'apprentissage de la parole, en tous cas au moins de certaines de ses caractéristiques prosodiques. » De nouveau est évoqué ici l'aspect mélodique de la parole, tel qu'il est perçu par l'enfant à naître.

De son côté, le psychanalyste Bernard This nous livre des réflexions essentielles sur la vie fœtale dans un article qu'il intitule — c'est à noter — *De la musique avant toute chose*. Il remarque que la psychanalyse a fait, avec et depuis Freud, l'impasse sur la vie intra-utérine, pour ne prendre en compte le sujet humain qu'à partir de sa naissance. Seul Lacan, rappelle-t-il, aura franchi cette limite en postulant que, dès sa conception, le petit d'homme est pris dans le réseau du symbolique qui lui assigne une place et produit sur lui des effets signifiants. Balayant les contre-arguments du style : « Il ne parle pas, donc ce n'est pas un sujet », Bernard This insiste sur les déterminations inconscientes qui peuvent intervenir dès le séjour du fœtus dans le ventre maternel et ne craint pas de revendiquer l'audace qui consisterait à postuler qu'une étude de la libido en la vie embryonnaire serait envisageable.

Dans de nombreux mythes, remarque This, l'enfant à naître échange avec sa mère et va même jusqu'à l'aider et lui parler. Si la science n'a pas vérifié ce dernier point — encore que de nombreux auteurs des siècles passés aient décrit le « vagitus uterinus », cri du fœtus à l'intérieur même de l'utérus maternel — elle nous a en revanche apporté la preuve que le fœtus entendait, percevait des stimuli sonores, en particulier les voix de ses géniteurs. Bernard This nous rappelle que de nombreuses coutumes tiennent ce fait pour acquis et qu'en 1553 déjà une dame de la cour exécutait chaque matin un air de musique devant Jeanne d'Albret, mère du futur Henri IV, afin que celui-ci ne naisse pas « rechigné » : l'histoire nous a confirmé le succès de cette entreprise !

Il est remarquable de noter que l'homme n'a pas attendu les progrès de la science pour apprendre ce qu'il en est de la vie perceptive et affective du fœtus et intégrer à son comportement un mode de communication avec l'enfant en gestation : nous avons vu ce qu'il en fut à la cour de Navarre, mais nous savons aussi que les tziganes, pour ne citer qu'eux, ont pour tradition de jouer du violon devant les futures mères, afin que l'enfant, à sa naissance, soit déjà imprégné de l'âme de sa culture. La coutume gitane veut en effet que le gitan parle à son enfant dans le ventre de sa compagne, lui chante des chansons et le régale de musique. Ainsi que le décrit Pierre Derlon, grand connaisseur de la culture gitane, dans *L'aube des sens* : « Le cordon à peine coupé, le père et la mère parleront tous deux à ce petit loup qui vient de naître, et de toute son enfance il sera baigné dans le son, dans la mélodie de la voix de ses parents. » Les bruits du ventre de la Romie se nomment « la musique des rois, la musique des dieux », et les gitans savent que les enfants ont gardé en eux le souvenir de cette musique puisque pour apaiser les bébés qui pleurent « ceux qui les gardent tapent du doigt au rythme d'un cœur... et pour que cela ressemble plus à ce qui a été entendu dans le ventre de la mère, ils étouffent le bruit avec un chapeau ».

Bernard This ajoute à ses observations une remarque essentielle : in utero, l'enfant ne distingue pas seulement la voix maternelle, il perçoit également la voix paternelle, double perception qui contribue à son bien-être fœtal et à son épanouissement ultérieur d'enfant. Comme le dit l'auteur : « L'attachement post-natal de l'enfant à sa mère et à son père, tout comme l'attachement des parents à leur enfant, se prépare petit à petit au cours de la vie fœtale : l'empreinte pré-natale est indispensable pour l'établissement d'une relation trinifiée vivifiante. »

Nous constatons donc que le fœtus peut entendre des bruits et même distinguer les différences de tonalité qui caractérisent les voix paternelle et maternelle. Indication précieuse que celle-ci : si la tonalité grave de l'organe du père et celle, plus haute, de celui de la mère ainsi que les battements du cœur maternel sont dissociés pour l'oreille de l'enfant à naître, il est possible de voir dans cette dissociation déjà à l'œuvre in utero la matrice de ce qui fait l'essentiel de toute construction mélodique. En effet, la base d'une composition musicale est faite d'un rythme et d'une ligne de basses (le modèle de la voix paternelle) sur lesquels s'appuie et se développe la mélodie elle-même (la voix maternelle), mélodie que viendront ultérieurement épouser des paroles pour lui donner la forme définitive d'une chanson.

Dès après la naissance, ce sont les premières relations verbales directes parents-enfants qui s'installent, pour être aussitôt marquées par un phénomène qui a valeur d'universalité : le père, comme la mère, haussent leur voix d'un ton pour s'adresser au nouveau-né, s'associant au mode d'expression de ce dernier, que les auteurs anglo-saxons ont baptisé du terme de *baby-talk*, et, ce faisant, ils accompagnent toute parole à son égard d'une ligne mélodique : les parents *chantent* plus qu'ils ne parlent quand ils s'adressent à l'enfant. Il faut souligner que ce mode de communication est réservé aux échanges tendres et que, lorsqu'à l'inverse un reproche ou une remontrance doivent être adressés à l'enfant, la phrase parentale reprend alors sa tonalité normale, non chantante, comme si la parole reprenait de ce fait son plein pouvoir : dégagée de la musique elle devient alors impérative, intimidante, elle peut blesser.

La voix des parents se fait donc plus aiguë pour parler d'amour et utilise des modulations qui, n'existant pas dans le langage parlé ordinaire, se rapprochent plutôt de la chanson : l'expression chantée semble bien ne pas être ici une fantaisie ou un mode joyeux de communication, mais une nécessité profonde qui motive l'adulte dans son adresse à l'enfant.

Ainsi les premières expériences de communication de l'enfant qui vient au monde, ses premières perceptions, ses premières rencontres avec la tendresse de ses parents, se feront sur le modèle de ce que nous avons coutume d'appeler *une chanson* : des phrases simples, répétitives, associées à une mélodie facile, mode d'expression que viendront renforcer les berceuses qui présideront à son endormissement. Cette forme musicale employée quasi instinctivement par les mères vient en douceur rappeler à l'enfant ce que fut son environnement sonore d'avant la naissance : la berceuse est une forme primitive de chanson, au tempo lent, à la mélodie répétitive, d'une tonalité simple et dont le texte est composé essentiellement d'onomatopées ; elle est de plus accompagnée par la mère de mouvements réguliers de la tête et des mains et rythmée par le balancement du berceau.

Ce n'est donc pas un hasard si l'enfant lui-même fait ses premières tentatives de jeu avec le souffle et expérimente ses premiers phonèmes d'une façon qui évoque la chanson : le *baby-talk* ou bien encore la *lallation* — mode d'entrée dans ce que Lacan appelle *lalangue* — sont en effet des termes chantants qui montrent bien ce que le domaine du préverbal doit à la musique. Déjà saint Augustin, cité par Bernard This dans son article sur les perceptions fœtales, appelait « jubilus » la capacité expressive de la joie, utilisée par l'« infans » au moyen d'une musique vocale, sans parole.

Les traits caractéristiques de ce *baby-talk* ont été relevés par les psychologues M. et H. Papousek, cités par M.F. Castarède dans son livre sur *La voix et ses sortilèges* :

— une structure et une syntaxe simplifiées, répétées et en rythme, marquées de pauses ;

— des figures essentielles où se repèrent accents, rythmicité, intervalles harmoniques fondamentaux ;

— une intonation exagérée, marquée de staccato ou de crescendo, de ritardando et de decrescendo...

Il apparaît à l'évidence que ces caractéristiques du langage du nouveau-né — et de ses parents face à lui — pourraient être aussi bien utilisées pour décrire très précisément ce qui fait la spécificité de la chanson, ou de sa forme primitive, la berceuse ; le *baby-talk* en présente tous les traits.

Ainsi la *mélodie inscrite dans la parole* semble avoir présidé, pour l'enfant, à ce que fut son expérience du séjour dans l'utérus maternel, puis, dans un second temps, que *les paroles inscrites sur la mélodie* — soit la chanson — ont représenté le mode de communication qui marqua ses premiers échanges langagiers avec son entourage.

Nous avons vu plus haut, avec l'aide de Lacan et de son schéma de la phrase, qu'une double articulation était à l'œuvre dans la chanson. C'est avec Lacan encore que nous faisons une nouvelle constatation sur une forme particulière de « double temps » d'accès à la parole, double temps qui présiderait, selon nous, à l'entrée de l'enfant dans l'univers du langage.

Il est un fait majeur que la découverte freudienne, redécouverte dans son aspect subversif par Lacan, a mis en avant : depuis Freud nous savons que l'homme n'est pas maître en sa demeure. C'est ce retournement qui a fait qualifier de copernicienne la découverte du père de la psychanalyse, révolution qui ne s'est pas opérée sans douleur. Il y eut de l'insupportable en effet pour l'homme du XIXe siècle, limité à l'introspection et au cogito, à se découvrir divisé, à apprendre l'existence en lui-même de cette part obscure qui pouvait à son insu commander à sa destinée. Cet insupportable avait-il pour cause un effondrement narcissique ? La haute idée que l'homme se faisait du pouvoir qu'il avait sur lui-même et sur l'univers était-elle à ce point caduque ? Le soleil ne tournait plus autour de la terre, l'homme n'était plus la mesure de toutes choses, il se trouvait maintenant excentré par rapport à sa propre pensée : le mirage du Moi totalisateur était dénoncé. Certes il y avait là de quoi malmener un ego qui tentait de s'affirmer depuis des siècles, et le fondateur de la psychanalyse tendait à l'homme du XXe siècle naissant un miroir dans lequel celui-ci aurait bien du mal à se reconnaître.

Inaugurale, la découverte freudienne a ouvert une voie vers la vérité, vérité qui présente, comme telle, un aspect traumatique. Lacan a maintenu cette découverte dans son tranchant contre les analystes de la seconde génération qui en avaient, selon lui, singulièrement émoussé le fil. Formulé par Lacan, un des aspects les plus saisissants de la révolution freudienne résonne de nouveau avec force : la langue n'est plus un instrument à la disposition de l'homme, c'est au contraire l'être parlant qui est le produit de la langue. Avant même sa venue au monde, tout humain, nous l'avons vu, se trouve pris, ne serait-ce que par son nom propre, dans le réseau du « Symbolique » (ordre du langage et de ce qui le constitue, les signifiants) qui, s'il lui offre de nombreuses combinaisons possibles, ne lui en offre pas pour autant d'infinies [1].

---

1. Ce que Lacan a énoncé comme étant un « retour à Freud », nous en trouvons les fondements dans un article inaugural : *Fonction et champ de la parole et du langage en psychanalyse.* C'est dans cet article, qui reprend dans les *Écrits* le *Discours de Rome*

La notion de « Sujet » définie par Lacan est de ce point de vue éclairante en ce qu'elle décentre la notion de « Moi », tenue jusqu'alors pour l'instance de contrôle de l'individu sur lui-même et sur le monde qui l'entoure. Cette notion est, dans la théorie lacanienne,

---

prononcé en 1953, que Lacan développe son hypothèse de l'inconscient « structuré comme un langage ». Dans ce texte il s'élève avec vigueur contre une technique pervertie par les continuateurs de l'œuvre freudienne, « une tentation qui se présente à l'analyste d'abandonner le fondement de la parole ».

Plus tard, en 1956, Lacan précisera davantage encore sa pensée et insistera sur le fait que les phénomènes essentiels auxquels s'intéressent la technique et la théorie psychanalytique sont à entendre en termes de processus langagiers : le rêve, déjà déchiffré par Freud à la manière d'un rébus ; la résistance, comme écran à l'avènement de la parole ; les pulsions, qui se structurent en termes de langage...

C'est sur cette lancée que Lacan en viendra à postuler la primauté du signifiant sur le signifié, autre façon de dire qu'indépendamment de ce qu'ils représentent les signifiants fonctionnent de manière autonome, créant entre eux un réseau de relations : l'ordre symbolique, qui tente, à la manière d'un filet, de recouvrir le réel. Les mailles du filet sont lâches, car, par essence, le réel est impossible à capturer, mais le tissu de nœuds et de fils qui le composent étend son parcours sur les deux axes vus précédemment, celui de la métaphore (axe vertical) et celui de la métonymie (axe horizontal), selon les règles de fonctionnement du discours.

L'un des nombreux apports de Lacan à la théorie psychanalytique est d'avoir défini les trois grandes catégories qui permettent de repérer avec précision la nature de tout événement psychique : le Symbolique, l'Imaginaire et le Réel. De ces trois registres, noués indissociablement pour le sujet sous la forme du nœud « borroméen », l'ordre symbolique est celui sous le primat duquel s'ordonnent tous les phénomènes langagiers, celui qui régit l'univers des signifiants et a donc à jouer un rôle essentiel dans la pratique psychanalytique.

inséparable de celle de « signifiant » qui, loin d'être un simple équivalent du « mot », désigne plutôt l'élément constitutif de l'ordre symbolique dans lequel le sujet est représenté et qui le maintient sous son emprise.

La formule « le signifiant est ce qui représente le sujet pour un autre signifiant » qui peut sembler obscure, s'éclaire — au moins en partie ! — si nous décelons chez Lacan le souci de donner du sujet une définition qui fasse dépendre entièrement celui-ci du signifiant, qui en fasse un effet du signifiant : le sujet est « signifié ». Cette formule a un pouvoir d'évocation certain qui, dans son énoncé même, nous donne l'image d'un sujet ricochant d'un signifiant à l'autre ou bien encore circulant comme un anneau sur le fil du symbolique, en un inquiétant jeu de furet.

A ce point de notre réflexion, on pourrait penser que ces rappels théoriques nous ont éloignés du champ qui nous intéresse, tant il est vrai qu'au premier abord Freud et Lacan semblent avoir peu à nous dire sur *Le temps des cerises* ! Appeler ainsi à la rescousse la linguistique, le graphe du désir ou la notion de signifiant pour éclairer les mécanismes qui concourent au succès d'une œuvre aussi légère qu'une chanson peut prêter à sourire... si nous n'étions certains qu'ils présentent quelque utilité !

Ces notions, qui nous ont aidé à saisir l'importance capitale du langage dans la structuration de la psyché humaine, nous aideront de la même façon à éclairer ce qu'il en est de la chanson, qui lui est si intimement liée. Le mécanisme en deux temps qui présiderait, selon nous, à l'entrée active de l'homme dans l'univers du langage nous ramènera au vif de notre sujet, puisque nous le supposons fonctionnant précisément sur le modèle de la chanson.

Nous avons constaté, en suivant dans leurs expériences les chercheurs, que l'enfant in utero percevait de l'intérieur et de l'extérieur des stimuli sonores qui ne lui parvenaient que dans leur aspect rythmique ou mélodique. Si l'on ne craignait de faire un mauvais jeu de mots il serait tentant de dire que les perceptions du fœtus dans le ventre de sa mère pourraient s'inscrire sur une « portée » ! Les battements du cœur maternel, les différents bruits du corps soutenant la mélodie des voix parentales réduites à leur pure intonation, tout ceci nous donne l'idée d'un environnement sonore de type musical qui berce l'enfant à venir.

Plus précisément nous pouvons dire qu'avant sa naissance les circuits de la parole, qui, nous l'avons vu, ont déjà saisi l'enfant à venir dans leur rets, lui parviennent atténués, physiologiquement comme symboliquement, sous la forme de leur seule mélodie. Murmure lointain de l'ordre symbolique, cette mélodie chargée de sens rythme l'existence du fœtus et fait fonction de premier temps dans l'inscription de celui-ci sous l'ordre des signifiants. Le second temps, celui qui suit sa naissance, voit l'enfant soumis directement aux stimulations verbales de son environnement, son existence davantage incarnée et tangible l'exposant un peu plus encore à l'influence du verbe. Sa physionomie, ses réactions induisent chez les parents de nouveaux comportements, une nouvelle adresse à l'enfant de leur désir. Cette forme de relation différente se trouve, dès lors, autant marquée par le Symbolique que par l'Imaginaire, cette dernière dimension ayant eu une place prépondérante lorsque les parents « imaginaient » l'enfant de leur désir en lui prêtant, avant même sa naissance, des traits et des comportements correspondant à leurs souhaits, ceci selon une identification en miroir.

Les discours qui sont alors adressés au nouveau-né, s'il n'en saisit pas toujours le sens, ne sont plus filtrés mais trouvent leur place sur la mélodie, déposant leurs mots en mesure sur les notes de la portée : l'environnement, qui jusque-là fredonnait, lui chante maintenant à pleine voix sa chanson. Sur la mélodie d'avant la venue au monde des mots se sont harmonieusement inscrits qui vont poursuivre leur ouvrage, la naissance d'un sujet.

Mélodique pendant la gestation, puis associée au langage dès la venue au monde, la naissance au Symbolique est bien marquée par deux temps essentiels ; et dans ce cas précis, pour en revenir au questionnement sur les origines, nous pourrions faire pencher la balance de l'incertitude vers une antériorité de la musique sur le verbe. La composition de la « chanson de l'enfant » inscrivant en effet un texte sur une mélodie pré-existante, nous dirons, pour ce qu'il en est du petit d'homme, qu'au commencement était la musique ! Nous retrouvons ici, de façon claire, ce que les récits mythologiques nous ont habitués à entendre d'une origine musicale du monde. Michel Serres s'oriente dans la même direction lorsque, dans une formule précédemment citée, il affirme : « La musique chante avant le langage, avant le sens »...

Le propre d'une mythologie est de fournir à l'homme une explication des mystères de l'univers et de la création, par l'intermédiaire d'un récit généralement délivré par les dieux. Jung en donne une autre définition : il s'agit pour lui d'« une psychologie projetée au-dehors », l'homme attribuant aux dieux un récit explicatif dont lui-même ne peut revendiquer la paternité, tant ce récit serait imprégné d'une fantasmatique archaïque qu'il ne saurait reconnaître comme sienne.

Dans cette optique, il n'est pas surprenant que les neuf mois de conception, pendant lesquels le langage parvient à l'enfant sous la forme d'une mélodie, deviennent, dans les récits mythologiques, l'œuvre divine de conception du monde, portée par le pouvoir créateur de la musique. Le second temps, celui de la prise de possession des mots par l'enfant, deviendra, élargi jusqu'à en faire l'origine du langage chez les premiers hommes, celui d'une origine chantante, une chanson des premiers âges, introduisant l'humanité à l'acte de parole.

« J'y arrivais, dit le Cavalier. La chanson elle-même, c'est Assis sur la barrière *et l'air est de mon invention... »*

Sur ces mots il arrêta son cheval et laissa retomber la bride sur son cou ; puis, battant lentement la mesure d'une main, son visage doux et stupide éclairé par un léger sourire, il commença.

De tous les spectacles étranges qu'elle vit pendant son voyage à travers le Pays du Miroir, ce fut celui-là qu'Alice se rappela toujours le plus nettement. Plusieurs années plus tard, elle pouvait évoquer toute la scène comme si elle s'était passée la veille : les doux yeux bleus et le bon sourire du Cavalier... le soleil couchant qui donnait sur ses cheveux et brillait sur son armure dans un flamboiement de lumière éblouissante... le cheval qui avançait paisiblement, les rênes flottant sur son cou, en broutant l'herbe à ses pieds... les ombres profondes de la forêt à l'arrière-plan : tout cela se grava dans sa mémoire comme si c'eût été un tableau, tandis que, une main en abat-jour au-dessus de ses yeux, appuyée contre un arbre, elle regardait l'étrange couple formé par l'homme et la bête, en écoutant, comme en rêve, la musique mélancolique de la chanson.

Lewis Carroll, *De l'autre côté du miroir.*

VIII

Et gratte, gratte sur ta mandoline
Mon petit bambino...

Le transistor

Certains matins d'hiver il est bien difficile au jeune garçon de sortir de la tiédeur de son lit : il entend la pluie qui chante sa chanson triste contre les persiennes. Il fait encore nuit dehors, et parfois, pincement au cœur, lui revient à l'esprit une interrogation écrite ou une composition ! Alors le courage lui manque tout à fait et les appels répétés de sa mère ne pourront le faire émerger du désordre des couvertures. Il imagine au dehors le ballet des imperméables et des parapluies, les dos courbés luttant contre la bourrasque, et seul le parfum du café qui l'invite à la cuisine peut le réconforter.

Penché sur le bol il ne prononce pas un mot, mais sur la table il y a un petit invité qui parle pour deux, bavard et plein d'une énergie musicale, le transistor. La vie quotidienne est bien réglée et, à l'heure où il trempe sa première tartine, un speaker — qui semble, lui, tout à fait réveillé — annonce le bulletin météorologique : « Température sous abri... ». A chaque fois qu'il entend cette formule dans sa brume matinale, le jeune garçon imagine un abri douillet, une sorte de nid dressé contre les embruns et dans lequel il aimerait se blottir. Suivent les nouvelles, qu'il écoute d'une oreille distraite, et ce sont enfin les premières chansons de la journée qui commencent à le tirer de l'ombre, en faisant danser ses pantoufles et pianoter ses doigts sur la toile cirée.

Certaines déroulent leur mélodie comme une mécanique et repartent sur le chemin des ondes, comme elles sont arrivées, sans laisser de trace aucune, mais il en est dont il sait, dès les premières mesures, qu'elles ne le quitteront plus. Elles en toucheront bien d'autres que lui, s'installant pour toujours dans la mémoire collective, auréolées du nom prestigieux de « succès ».

Ainsi, un de ces matins sans grâce où s'annonce le tunnel grisâtre de la journée, le jeune garçon entend la voix cassée de Charles Aznavour chanter pour la première fois :

Ils sont venus, ils sont tous là
Dès qu'ils ont entendu ce cri...

Il pressent, dès l'instant où ces paroles lui parviennent, scandées par un rythme obsédant, qu'elles annoncent une grande chanson. *La Mamma* vient de faire son entrée sur les ondes, et chacun, autour de la table, a fait silence pour l'accueillir. Un autre matin ce sera, dès les accords martelés de l'introduction, la voix pathétique de Piaf qui imposera l'évidence de son :

Non, rien de rien,
Non, je ne regrette rien...

et là encore, en un discret hommage, la tartine restera suspendue au-dessus du bol de café au lait : une chanson a fait son entrée dans l'histoire.

Une autre fois — il n'y en eut pas souvent de cette sorte — une mélodie étrange, associée à des paroles qui lui allèrent droit au cœur, foudroya le jeune garçon dès l'aube. Sitôt terminée la chanson, il monta vainement le son du poste pour entendre le titre qui l'avait bouleversé : il ne fut pas annoncé. Il tenta de fredonner ce refrain qui lui avait murmuré des mots si proches, afin qu'il ne s'enfuie pas trop vite, le chanta encore sur le chemin de l'école, le perdit dès le premier cours de mathématiques puis le retrouva à la récréation. Aucun des camarades auxquels il posa la question ne connaissait cette chanson, pas davantage le disquaire chez lequel il se précipita à la sortie du collège : il lui fallut abandonner l'espoir de retrouver cette mélodie si singulière, d'autant qu'il ne l'entendit plus jamais à la radio. Bientôt presque entièrement effacée, la trace en resta cependant, comme le souvenir douloureux d'un visage entrevu dans la cohue, qui révèle des émotions inconnues pour se perdre aussitôt dans la masse anonyme des passants. Elle lui laissa au cœur la brûlure d'un bref chagrin d'amour, qui trouva pour lui, plus tard, son expression exacte quand il entendit les paroles de la chanson que Piaf semblait lui destiner : « Emportés par la foule... »

Son transistor est devenu un compagnon de chaque instant, une source intarissable qui le suit partout dans la maison. Le petit poste chante en sourdine sur son bureau quand il fait ses devoirs, à tue-tête dans la salle de bains quand il prend sa douche, il trône sur la table à l'heure des repas, il égrène encore des mélodies à l'heure du coucher, sur la table de nuit.

Il a une drôle d'allure, ce transistor enveloppé de skaï. Avec ses baguettes obliques de métal doré il fait penser à la vitrine de la boulangerie d'à côté, qui vient d'être redessinée tout en angles aigus. Sa grille de plastique blanc qui cache le haut-parleur, ses boutons rutilants et son disque transparent sur lequel chantent les noms des stations sont dans l'air du temps : on croirait voir le tableau de bord d'une « Versailles » qui étale son luxe clinquant et dérisoire.

Le petit poste se découvre dans le même temps un grand frère, qui fait chanter la première collection de disques : le Teppaz, avec son couvercle arrondi faisant office de haut-parleur (avec leur plateau qui accueille les trois formats de la galette de vinyle, 17, 25 ou 30 centimètres, les tourne-disques de cette époque offrent le choix entre quatre vitesses qui permettent d'écouter les 78 tours d'un passé que l'on aime encore entendre crachoter, les 16 tours destinés le plus souvent aux grands classiques du théâtre, mais aussi les 33 ou les 45 tours « haute-fidélité » qui vont animer les futures surprises-parties).

L'été venu, les fenêtres ouvertes sur la tiédeur des rues et des cours laissent échapper un joyeux concert dans l'air du soir : filant d'un immeuble à l'autre, les chansons à succès se répondent, les transistors les envoient ricocher contre les murs, et le jeune garçon reconnaît parfois dans ce brouhaha une mélodie familière. Il s'amuse alors à la suivre comme il le ferait d'une silhouette entrevue dans la rue, il imagine son trajet vagabond, sa glissade sur les toits ou le long des gouttières, son rebond sur le bitume qui a gardé la chaleur du jour, puis sa pose légère sur le bras nu d'une jeune femme accoudée à son balcon.

Le moment qu'il préfère est celui où la nuit, toutes lumières éteintes, il écoute le poste du fond de son lit. Pendant que la maison dort, il baisse le volume et se laisse bercer par des musiques qui lui parviennent d'émetteurs lointains. Alors c'est l'ombre de la chambre qui sert d'écran à ses rêveries lumineuses, enrichies par les voix et les chansons qu'il aime tant.

Le transistor a définitivement rompu avec l'œil vert et les veillées sous le regard du poste. On ne fait plus cercle autour de lui, il ne trône plus sur la cheminée mais on se le passe de main en main, il accompagne la famille dans tous ses déplacements, y compris sur l'herbe du pique-nique. Depuis que le transistor a désacralisé le rite du soir, l'émission de T.S.F. n'est plus une messe et on ne communie plus dans le chaud parfum de la bakélite. Le petit poste a rendu omniprésente la chanson, qui ne donne plus ses rendez-vous dans l'alcôve, mais répand ses bienfaits partout. Le disque de plastique qui en orne la façade et qui porte les noms magiques des stations tournoie maintenant, comme pris de vertige, et l'on choisit dans ce foisonnement les musiques que l'on aime. On peut les interrompre, y revenir à loisir, sauter facilement d'un succès à l'autre : la chanson part à la conquête du monde.

Le transistor porte gaiement les vêtements de son époque : c'est un adolescent à la mode et, comme le jeune garçon qui voit sa lèvre supérieure s'ombrer d'un léger duvet, le petit appareil sympathique porte en lui ses promesses de printemps ; il sera la porte neuve, gainée de couleurs, qui va s'ouvrir sur l'ère de la jeunesse.

IX

Sur deux notes,
Je te dis que je t'aime...

Trois petites notes de musique
Ont plié boutique
Au creux du souv'nir
C'en est fini d'leur tapage
Elles tournent la page
Et vont s'endormir

Mais un jour sans crier gare
Elles nous reviennent en mémoire
Toi, tu voulais oublier
Un p'tit air galvaudé
Dans les rues de l'été
Toi, tu n'oublieras jamais
Une rue, un été
Une fille qui fredonnait

La, la, la, la je vous aime
Chantait la rengaine
La, la mon amour
Des paroles sans rien d'sublime
Pourvu que la rime
Amène « toujours »

La, la, la, la tout rêve
Rime avec « s'achève »
Le tien n'rime à rien
Fini avant qu'il commence
Le temps d'une danse
L'espace d'un refrain
La, la, la, la, la, lalère
La, la, la, lalère...

Trois petites notes de musique
Qui vous font la nique
Au fond du souv'nir
Lèvent un cruel rideau d'scène
Sur mille et une peines
Qui n'veulent pas mourir...

Henri Colpi / Georges Delerue.

« Une chanson douce... »

Aux nombreuses définitions qui tentent de cerner la spécificité de l'homme (animal doué de raison, roseau pensant, mesure de toutes choses), ce bipède apparu sur terre voici quelque vingt millions d'années, ne craignons pas d'en ajouter une : l'homme est un être chantant !

Son histoire est ainsi faite : bercé par la mélodie des paroles à lui adressées pendant la gestation, le petit d'homme reçoit dès après sa naissance son baptême d'entrée dans la langue sous la forme d'une chanson, des mots harmonieusement déposés sur une portée et murmurés par des voix séductrices. Pour emprunter au jargon technique employé dans les studios d'enregistrement, nous pourrions dire que c'est sur un « playback » pré-enregistré que la chanson parentale est interprétée ! L'enfant en reconnaît et en assimile d'autant mieux les paroles que celles-ci sont à l'évidence faites pour épouser une mélodie dont il a le souvenir, pour ne pas dire la nostalgie.

Quand les mots cessent de chanter — à l'occasion d'un reproche, d'une réprimande, ou exprimés par une voix désaffectivée — ils peuvent blesser ou effrayer : c'est pour cette raison que les parents penchés sur le berceau du nouveau-né empruntent au chant ses caractéristiques pour souhaiter à leur enfant la bienvenue dans l'univers de la parole.

Il semble aller de soi que les intonations de la voix se fassent mélodieuses face au tout-petit : l'attendrissement qu'il provoque pourrait suffire à expliquer ce phénomène. Nous nous demanderons cependant, dans ce qui va suivre, si les adultes, par leur chant, ne répondent pas à une autre exigence, liée à l'apprentissage même de la langue.

A les écouter vocaliser, on peut en effet penser que les parents prennent un soin instinctif à ne pas confronter trop brutalement leur enfant au verbe, utilisant pour ce faire la forme chantée. Si la musique, dit-on, adoucit les mœurs, elle peut également rendre plus douce à l'« infans » son entrée active dans la dimension symbolique. Voilà qui fait surgir de nouvelles questions : quel risque justifie cette précaution instinctive de la part de parents soucieux d'introduire leur enfant à la parole ? Et surtout : quel genre de violence l'introduction à l'ordre du langage fait-elle subir à tout nouvel être parlant ? La dimension symbolique recèlerait-elle un aspect traumatique ? L'entrée dans le langage serait-elle, en ce sens, une blessure que la chanson des parents tenterait, avec précaution, de rendre moins douloureuse ?

La théorie psychanalytique, avec Freud puis avec Lacan, confirme cette intuition parentale en nous montrant en quoi le privilège de la parole, qui distingue l'homme dans l'ordre du vivant, impose également à ce dernier d'en payer le tribut.

Après Freud, l'homme s'est enrichi d'une nouvelle et douloureuse spécificité, celle d'être étranger à lui-même. L'objet même de la science psychanalytique, l'inconscient, était dès lors fondé. Il est d'ailleurs « parlant » que cette dimension propre à l'humain ait été définie par un terme négatif, qui a le mérite d'imager l'inscription dans le psychisme de cet « *in*-conscient » à la manière d'une entaille. Entaille faite à l'intégrité du Moi, la découverte freudienne posait donc l'homme comme agi par une vérité à lui-même inconnue et qu'une science nouvelle se proposait — au moins en partie — de lui restituer. Cette science, la psychanalyse, ayant pour objet la parole du sujet, se proposait d'en faire, dans le même temps, l'instrument qu'elle mettrait au service de sa pratique.

Si Freud ne dit pas explicitement que c'est la dimension de la parole qui vaut à l'homme l'honneur de sa division en une opposition conscient-inconscient, c'est cependant une évidence qui transparaît tout au long de son œuvre. Il n'est pour s'en convaincre que de repenser à ce qu'il a formulé sur les mécanismes du rêve : en affirmant que celui-ci avait pour fonction, outre le fait de respecter le sommeil du dormeur, de réaliser (de façon imagée et masquée) un désir inconscient (donc inconnu du rêveur lui-même), sa position tranchait fermement avec toutes les « clefs des songes » en vigueur à l'époque. Le rêve se composant essentiellement d'images, Freud proposait de considérer ces dernières comme étant celles d'un rébus, affirmant par là même qu'un texte *latent* était à découvrir derrière l'illustration offerte par le contenu *manifeste* du rêve. Aucun doute en ce sens que pour Freud ce n'étaient pas les images qui étaient premières, mais bien le texte, crypté secondairement par cette « mise en images » due aux mécanismes d'élaboration à l'œuvre dans le rêve. A suivre Freud, la formulation du désir inconscient, mis en scène dans l'activité onirique, était donc articulée comme une phrase et à entendre comme telle.

Freud bien sûr n'en est pas resté là et, s'il décrit dans un premier temps le rêve comme « voie royale » pour accéder aux contenus de l'inconscient, il n'accorde pas moins d'importance, dans un deuxième temps, au fantasme, autre activité essentielle du psychisme. Le fantasme, qui donne sa forme au désir humain et que l'on retrouve aussi bien dans le rêve que dans les rêveries diurnes et plus généralement dans les conduites amoureuses ou sociales du sujet qui se trouvent modelées par son scénario, Freud en donne une définition strictement langagière. Mieux encore, il postule que le fantasme fonctionne très précisément selon les règles de construction de la phrase, avec sa forme logique qui fait se succéder sujet, verbe et complément. Un exemple souvent cité est celui du fantasme masochiste dont Freud articule le fonctionnement autour de la phrase « Un enfant est battu » et de toutes ses variations.

Ce qu'il a dégagé concernant la « névrose ordinaire », qui est le lot du plus grand nombre, Freud l'utilise également pour décrire les mécanismes à l'œuvre dans de graves affections mentales comme la paranoïa, l'érotomanie ou le délire de jalousie qu'il distingue les unes des autres par les modulations des formules inconscientes qui les déterminent, explicitement présentées par lui sous leur aspect de jeu grammatical [1].

---

1. Ainsi pour Freud la formule inconsciente de la paranoïa serait à l'origine : « Moi, un homme, je l'aime, lui, un homme », aveu d'homosexualité insupportable et dangereux pour l'équilibre psychique du sujet, qui pousserait ce dernier à retourner le « je l'aime » en « je le hais », puis par une nouvelle modification por-

Le mot d'esprit lui-même, tel que Freud le définit, avec son aspect sidérant, tant pour celui qui en est l'auteur que pour ses auditeurs, présente un mode d'expression direct de l'inconscient et est en ce sens à rapprocher du lapsus. On sait aussi depuis Freud que l'acte manqué, qu'il soit verbal, écrit, ou simplement dans le domaine de l'agi, trouve sa traduction — quand il la trouve ! — sous la forme d'une phrase élémentaire exprimant alors explicitement quel désir sous-jacent était à l'œuvre dans ce « raté » de la vie quotidienne. Voilà donc posée par la psychanalyse une première affirmation : c'est au fait d'être doué de langage que l'homme doit sa part inconsciente.

Nous savons que la deuxième grande découverte freudienne, qui ne manqua pas de faire scandale, est celle du complexe d'Œdipe. Reprenant le célèbre mythe grec, Freud postule que tout être humain doit

---

tant cette fois sur le sujet de la phrase le « je » en « il », la formule finale accèdant à la conscience sous la forme d'un sentiment de persécution : « Lui, un homme, il me hait, moi, un homme. » Cette formule permet au sujet, par un mécanisme de projection et de retournement en son contraire, de se mettre à l'abri de la reconnaissance intolérable de son amour homosexuel en l'attribuant à l'autre. On voit bien là que, de l'origine du délire à son aboutissement, ce sont des processus d'ordre langagier qui sont à l'œuvre.

Dans la même logique, le symptôme hystérique trouvera sa traduction comme mise en scène, sur le corps, d'une inscription fantasmatique inconsciente que le psychanalyste aura à déchiffrer. Telle paralysie hystérique pourra par exemple se traduire par la condamnation d'une activité masturbatoire ressentie comme coupable : « J'interdis cela à mon bras » ; telle cécité temporaire — motivée par un désir voyeuriste — par une formule du type : « Je ne veux pas voir cela. »

passer par cette crise, essentielle dans sa traversée ainsi que dans sa résolution, à la poursuite de sa destinée. Souvenons-nous que Jung définissait la mythologie comme « une psychologie projetée au-dehors », ce qui nous aidera à comprendre que le mythe d'Œdipe est la seule représentation acceptable pour l'homme, parce qu'extérieure à lui-même, d'une réalité psychique intime insupportable à sa conscience.

Le petit garçon comme la petite fille connaissent précocement ce tourment : désirer le parent du sexe opposé, au point de souhaiter la disparition du rival heureux, le parent du même sexe. Tourment qu'il ne faut pas mésestimer — même s'il est en partie inconscient et possède des facettes attendrissantes : « Plus tard je voudrais me marier avec maman... » —, tant il expose l'enfant à une extraordinaire violence de sentiments contradictoires, car le parent à éliminer est également tendrement aimé et le désir ressenti à son égard lourd de culpabilité.

Ce que Freud a nommé la « menace de castration » pèse de tout son poids sur cette période de la vie psychique de l'enfant, appelée la « phase œdipienne ». C'est cette menace qui fera sortir le garçon de la crise, tant est grand le risque fantasmatique d'une punition paternelle, et paradoxalement c'est elle qui y fera entrer la fille, tant le manque d'un pénis, semblable à celui qu'elle a observé chez le garçon, la poussera à en attendre un du père, sous la forme d'un enfant de lui.

Cette terrible histoire se résoudra pour tous deux, dans le meilleur des cas, sur le mode du renoncement et de l'exogamie, mais nous savons, depuis Freud, que l'homme, s'il se pare des attributs de l'oiseau-chanteur, laisse toujours, pour son malheur, quelques plumes

— quand il ne les laisse pas toutes — au passage de cette étape ! Pour le fondateur de la psychanalyse, le statut de l'homme civilisé, qu'il doit en grande partie à son aptitude au langage, est générateur d'angoisse, d'empêchement ou d'impuissance : la névrose est le tribut à payer. On voit donc, déjà clairement exprimé dans la théorie freudienne, quel enjeu représente, pour l'enfant à l'orée de sa vie, l'entrée dans l'univers de la parole. Il ne s'agit plus dès lors d'un simple mécanisme identificatoire le poussant, par un mimétisme inné, à « faire comme » les adultes aimés, mais bien davantage, dans ce qu'il représente d'obstacles à franchir, l'abord douloureux d'une expérience initiatique.

Pour Lacan, ce qui était sous-entendu chez Freud se radicalise, et c'est définitivement la parole qui cause la division du sujet. Que le langage soit la condition de l'inconscient ne fait, après Lacan, plus de doute pour la psychanalyse qui sait aujourd'hui ce qu'elle doit à la linguistique. Si l'homme n'en peut saisir dans sa vie courante toutes les implications, il sait cependant, pour l'avoir éprouvé dans les moments cruciaux de son existence, que sa parole, qui le distingue de tout autre être vivant, est aussi ce qui lui vaut les souffrances propres à l'humain : l'angoisse, le manque et le sentiment unique d'être étranger à lui-même.

Nous avons dit au chapitre VII à quel point, chez Lacan, le fait pour le sujet d'être *signifié* décentrait son rapport à la langue : autant « parlé » que parlant, il est celui qui croit utiliser la parole à sa guise, mais qui, dans le même temps, circule dans le tissu signifiant au gré des mouvements métaphoriques et métonymiques qui s'y créent, qui le modèlent et font prendre à sa destinée des orientations qu'il n'aurait pu soupçonner.

Les grandes étapes décrites par Freud comme essentielles à l'évolution de la psyché humaine, telles l'Œdipe et la castration, trouvent chez Lacan un aspect plus radical encore, dans la mesure où ce dernier, dans sa logique d'un « inconscient structuré comme un langage », les élève à la dignité d'épreuves symboliques, agissant d'emblée sur le registre de la parole. Dès lors ce n'est plus l'abord de la phase œdipienne qui fera rencontrer au jeune sujet humain la dimension impérative et angoissante de la castration, mais bien l'entrée dans l'ordre du langage lui-même [1].

C'est ici que nous rencontrons ce qui fait le drame inhérent à la condition d'être parlant : pas question d'échapper à l'ordre symbolique, de refuser d'y plier son désir et sa destinée sans encourir des dangers bien plus grands. Dans tous les cas la parole a des effets aliénants sur l'homme, parfois même, pour les sujets psychotiques, dévastateurs, car celui pour qui a échoué la métaphore paternelle — et qui est victime de ce que Lacan a nommé la « forclusion du Nom-du-père » — paye d'un prix terrible son rapport défaillant au symbo-

1. Pour Lacan, en effet, Œdipe et castration sont indissociables d'une opération qu'il nomme l'instauration du « Nom du père », opération symbolique qui constitue le principe actif de l'Œdipe, originaire dans la mesure où elle décide de ce que sera le rapport du sujet à la parole. La première métaphore ainsi créée fait passer ce que Lacan appelle le « Désir de la mère » sous la barre qui sépare signifiant et signifié, opération proche de celle que Freud avait définie comme « le refoulement originaire ». Il s'agit là d'un acte de fondation qui préside à l'entrée du sujet dans l'ordre symbolique et qui détermine les effets qu'aura sur lui le signifiant. C'est également, pour Lacan, une façon de promouvoir la nécessaire castration symbolique.

lique. Confronté à un univers langagier déchaîné qui le poursuit et le persécute, le voici harcelé par des voix, hanté par des visions menaçantes. Parfois même, en proie aux désordres terrifiants qu'occasionne ce manque originel, il va jusqu'à s'auto-mutiler, s'infligeant une castration réelle là où la castration symbolique a fait défaut. Dans cette situation extrême, on voit comment ce qui n'a pu être symbolisé, ce qui a en somme échappé à l'ordre du langage, fait retour dans le Réel.

Ainsi, placée sous le signe de la perte, l'entrée de l'enfant dans l'univers du langage peut être qualifiée d'introduction à la « violence du signifiant ». Le signifiant, élément constitutif de l'ordre symbolique, attente à l'intégrité de ce qui tombe sous sa coupe, et l'homme, soumis au symbolique, divisé, voit son unité, psychique aussi bien que physique, remise en question. Son existence, tenue d'en passer par les défilés du signifiant, obéit à l'impératif de la castration symbolique.

Les effets du signifiant ne portent cependant pas seulement sur l'homme, ils portent aussi sur le monde qui environne celui-ci. La nomination fait perdre en effet de sa substance à l'objet en une opération qui s'apparente au « meurtre de la chose » (nommer un objet est une façon de le faire disparaître au profit de sa représentation). C'est donc à plusieurs niveaux que le signifiant manifeste sa violence : sur celui qui l'utilise comme sur les objets qu'il permet de représenter. Ainsi, pour avoir accès à la parole, tout homme doit-il en payer le prix et mieux vaut pour lui que ce prix ne se paye pas réellement en « livre de chair ».

Inconsciemment, dans son rapport à l'enfant, l'adulte perçoit que cette introduction au langage dans sa violence nécessite quelque adoucissement. On peut penser que la chanson, en tant qu'élément transitionnel entre les sonorités confuses du ventre maternel et le langage articulé, procède au mieux à un tel adoucissement.

La perception berçante d'une mélodie durant la vie intra-utérine rend l'enfant à naître sensible aux toutes premières variations du sens. Habillant de son rythme et de ses couleurs les vocables que l'enfant rencontrera lors de ses débuts dans la vie, c'est elle qui l'aidera à franchir l'espace immense séparant l'état quasi fusionnel de la gestation du décollement symbolique. La protection maternelle visant à rendre moins douloureux tout ce qu'implique pour l'infans l'entrée dans l'ordre de la parole prendra la forme de la mélodie. Accompagnées du bercement, les premières chansons introduiront en douceur le nouveau-né aux signifiants des différentes parties de son corps, de l'univers qui l'entoure, de ses premiers besoins et de ses premières émotions.

C'est pourquoi il est en ce sens tout à fait imaginable que l'on puisse retrouver dans la petite enfance d'un sujet souffrant de troubles du langage et de la personnalité une relation perturbée avec un adulte qui n'aurait utilisé, pour s'adresser à lui, que la voix parlée, sans support mélodique et par là même désaffectivée. Que la rencontre de ce sujet avec la langue ait pu être vécue par lui comme un traumatisme pourrait expliquer — ceci associé bien sûr à d'autres dégradations de la relation avec ses premiers objets d'amour — qu'il ait réagi en n'accédant pas, ou difficilement, à la parole et en présentant un tableau que la clinique psychanalytique décrit comme psychose infantile ou autisme.

Voilà qui nous renforce encore dans l'idée que la chanson, cette plaisante ritournelle qui nous accompagne dans tous les moments de notre vie, loin d'être un négligeable épiphénomène de la culture, représente au contraire une nécessité intime pour l'être de parole. On comprend mieux dès lors son statut privilégié parmi les arts populaires, l'importance qu'elle revêt dans l'histoire de chacun d'entre nous et pourquoi elle vient toujours à point nommé accompagner de ses couplets nos émotions et notre découverte de l'univers.

Du même coup peut s'éclairer l'attachement indéfectible que manifeste l'homme à ce mode d'expression : sur le modèle de ses premières expériences de rencontre avec la parole, celui-ci retrouvera avec la chanson, tout au long de sa vie, l'occasion unique de mettre en forme ses souvenirs, de continuer à tempérer la violence du signifiant et d'adoucir ainsi les moments cruciaux de son existence.

Que ce soit dans la découverte de ses émois sexuels, celle des fonctions les plus troublantes de son corps, dans l'abord de sa vie amoureuse et dans bien d'autres aspects de sa vie sociale, la chanson continuera, dans sa forme idéale, à lui rendre moins rude le chemin.

« Peut-être va-t-elle chanter dans son sommeil, dit Peter. Wendy, chante-nous donc la maison qui te plairait ! »

Aussitôt, sans ouvrir les yeux, Wendy se mit à chantonner :

« Je voudrais une maison
La plus petite du monde
Aux jolis murs vermillon,
Sous un toit de mousse blonde. »

Ils s'étranglèrent presque de joie car, par une chance inespérée, le bois qu'ils avaient débité était poisseux de sève rouge et tout le sol était tapissé de mousse aux reflets dorés. Tandis qu'ils commençaient à édifier la cabane, ils se mirent eux-mêmes à chanter en chœur :

« Nous avons bâti les murs et le toit,
Ouvert une porte d'un bois très choisi,
Alors dites-nous, chère maman Wendy,
Que voudriez-vous encore de surcroît ? »

Sur quoi Wendy répondit avec une sorte d'avidité :

« Oh, si l'on pouvait y mettre
Plein de rieuses fenêtres
Avec des roses en feston
Et des bébés au balcon. »

James Matthew Barrie, *Peter Pan*.

X

Sainte Marguerite,
Veillez ma petite,
Endormez mon enfant
Jusqu'à l'âge de quinze ans...

Là-dessus elle se remit à bercer son enfant tout en lui chantant une espèce de berceuse et en le secouant violemment à la fin de chaque vers :

« Parlez rudement à votre bébé ;
Battez-le quand il éternue ;
Ce qu'il en fait, c'est pour vous embêter,
C'est pour cela qu'il s'évertue. »

Chœur (auquel prirent part la cuisinière et le bébé) :

« Ouah ! Ouah ! Ouah ! »

Pendant tout le temps que la Duchesse chanta la seconde strophe de la chanson, elle n'arrêta pas de secouer violemment le bébé de haut en bas, et le pauvre petit n'arrêta pas de hurler si fort qu'Alice put à peine distinguer les paroles :

« Je parle rudement à mon bébé ;
Je le bats quand il éternue ;
Quand il le veut, il peut apprécier
Le poivre qu'ici je remue. »

Chœur :

« Ouah ! Ouah ! Ouah ! »

Lewis Carroll, *Alice au pays des merveilles.*

Vert paradis

La scène est un classique et elle a inspiré plus d'un artiste : imprimant au berceau un mouvement régulier, une mère couve du regard son nouveau-né, et dans ses yeux peut se lire toute la tendresse du monde. Pour parfaire cette scène idyllique on ajouterait volontiers, comme au cinéma, une lumière douce enveloppant le tableau à la manière d'un halo et bien sûr une chanson murmurée qui s'échapperait du sourire de la mère aimante. On ne se privera pas de parfaire ce cliché, car c'est dans cette atmosphère de totale quiétude que l'enfant va répondre à la mélodie maternelle. A demi endormi il chantonnera lui aussi pour exprimer son bien-être et passera ainsi en douceur de cette scène à l'« autre scène » (terme utilisé par Freud pour définir l'Inconscient), le rêve remplaçant la perception, le monde du sommeil prolongeant par ses images celui de la veille. Comment imaginer que celui qui a connu pareille sensation puisse, adulte, n'en pas garder la nostalgie ?

Intimement liées à l'apparition du langage, les berceuses et les comptines qui ont accompagné nos premiers pas dans ces moments de tendre intimité existent assurément depuis la nuit des temps, et nous partageons sans doute notre plus ancien souvenir musical avec les premiers représentants de l'humanité. Lorsqu'une mère tient son enfant sur ses genoux ou fait doucement tanguer le berceau, dans le moment qui suit la têtée, avant l'endormissement ou pour calmer un chagrin, c'est tout naturellement que lui reviennent aux lèvres les chansons du temps passé. Chez l'adulte devenu parent, ce sont ces berceuses qui font retour dans le moment idéal de communion avec l'enfant, ces mélodies qui ont accompagné les élans de tendresse, ou apaisé les moments de détresse qu'il a éprouvés au cours de sa propre enfance.

Il se crée chaque jour des chansons nouvelles qui viennent enrichir le patrimoine mais il n'en est pas ainsi pour les berceuses ; transmises directement de mère à enfant, de génération en génération, elles conservent une forme immuable, ceci — pour autant que l'on puisse en situer précisément l'origine — depuis quelques siècles. S'il en est de spontanées qui naissent chaque jour sur les lèvres maternelles, elles ne viennent pas pour autant s'ajouter à la liste des mélodies traditionnelles qui forme un recueil assez fermé. La structure simple de la mélodie et des paroles, proche, comme nous l'avons vu, des premières acquisitions du langage, la participation du corps et la destination de ces chansons qui visent à recréer un état quasi fusionnel font que nous tenons avec cette expression musicale le modèle, la matrice même de toutes les chansons plus élaborées qui vont suivre : rondes et chansons enfantines, mais aussi succès populaires ou répertoire des chansons de genre ou corporatives, réservées à un auditoire plus restreint.

S'il existe dans nos régions des berceuses traditionnelles que le citadin ignore, il en est qui nous sont parvenues, telle le *P'tit Quinquin* originaire du Nord, mais les berceuses les plus employées sont en nombre restreint : les mères disposent en fait d'un répertoire très limité, *Dodo l'enfant do* et *Fais dodo* en constituant l'essentiel.

C'est le Lillois Alexandre Desrousseaux qui est l'auteur de la chanson que nous connaissons aujourd'hui sous le titre du *P'tit Quinquin.* Cet auteur s'était fait, à partir du milieu du XIXe siècle, une spécialité de compositions en patois de la région lilloise, patois qu'il avait transcrit selon un code orthographique précis. Sa carrière connaîtra son apogée quand il fera paraître cette berceuse, qui s'intitulera dans un premier temps *L'Canchon dormoire*, titre qui nous intéresse dans la mesure où il rejoint ce que nous avons dit du « *baby-talk* », forme langagière utilisée à la fois par les parents et les enfants au cours de leurs premiers échanges. Desrousseaux donne du titre de sa berceuse une définition qui va précisément dans ce sens : « C'est une chanson que disent les femmes pour endormir les enfants... par extension, les paroles inintelligibles que prononcent ordinairement les enfants au moment de s'endormir s'appellent aussi canchon-dormoire. »

Dors, min p'tit quinquin
Min p'tit pouchin
Min gros rojin !
Te m'fras du chagrin
Si te n'dors point j'squ'à d'main.

Chantée pour la première fois en public en 1853, la

berceuse fut interprétée à Paris à partir de 1855 où son succès lui valut bien des transformations, parodies ou satires. De nombreuses boutiques prirent pour enseigne le nom du *P'tit Quinquin* qui passa à la postérité sous ce titre, et cette berceuse est toujours considérée comme la chanson fétiche des gens du Nord.

Avant d'être harmonisé et publié en 1747, *L'enfant do*, qui date du XVIIe siècle, fut d'abord un air savant : il s'agissait d'un air de carillon, *L'Angelus*. Il fut repris comme berceuse par la bourgeoisie puis accéda progressivement à toutes les classes de la société.

Do, do, l'enfant do
L'enfant dormira bientôt...

Fais dodo, né le même siècle que sa presque jumelle *L'enfant do*, est une berceuse destinée à être chantée par une grande sœur à son petit frère. Répandue dans de nombreuses régions de France, elle voit, selon les lieux, varier les occupations des parents : maman peut ainsi faire du caillé, papa couper du bois ou faire du nougat !

Fais dodo, Colas mon p'tit frère,
Fais dodo, t'auras du lolo...

Ces mélodies sont limpides et expriment — cela peut paraître une évidence — de doux sentiments. Mais d'autres berceuses, moins connues, nous montrent que l'aspect originaire de ce mode d'expression peut lui permettre de véhiculer des sentiments plus teintés d'ambivalence que la tendresse sans faille, de rigueur dans ce genre de mélodie.

Mes burons sont morts, berceuse originaire du Berry, où en patois « buron » signifie agneau, nous livre un texte étonnant :

Mes burons sont morts,
Raides, raides, raides,
Mes burons sont morts,
Raides, raides morts.

Y'en a plus que deux,
Qui suivront leur mère,
Y'en a plus que deux
Qui sont vigoureux.

Datant d'une époque où la mortalité infantile faisait des ravages, on peut voir transparaître dans ce rituel de l'endormissement une angoisse maternelle, voire une prévention superstitieuse devant l'éventualité de l'entrée de son enfant dans un dernier sommeil. Freud ayant souligné en effet que dans la symbolique du rêve un rapprochement pouvait être fait entre le petit animal et l'enfant, qui, mieux que l'agnelet, pourrait évoquer le nouveau-né fragile ? Le message envoyé à l'enfant s'endormant est cependant ici troublant tant il souligne l'équivalence entre le sommeil et la mort, le renvoi dans les limbes de l'être qui vient à peine d'en émerger. D'un sadisme à peine déguisé, la berceuse ici citée peut, tout aussi bien, nous en dire long sur l'ambivalence parfois à l'œuvre dans le désir maternel.

Ma jolie poupée, berceuse du siècle dernier, n'est pas moins troublante :

Ma jolie poupée
Ne veut pas dormir
Petit ange blond
Descendu des cieux
[...]
Dors, dors,
Ou je vais mourir.

Avec l'équivalence renouvelée du sommeil et de la mort, c'est cette fois la mère qui met sa vie en jeu dans l'endormissement de son enfant. Retournement classique, pour les familiers de la psychanalyse, du désir de mort qui s'adresse cette fois à celui dont il est issu : on voit ici que l'idyllique scène — chromo teinté de rose layette — que nous évoquions plus haut peut également se parer des sombres couleurs du sadisme et du deuil.

Ces quelques exemples nous montrent comment le mode d'expression archaïque qu'est la berceuse se fait volontiers le support de l'« archaïque » freudien, dans lequel l'amour a toujours rendez-vous avec la dimension de la dévoration, du sexe et de la mort. La forme de la chanson lui en facilite l'accès, un contenu scabreux ou angoissant pouvant s'y exprimer avec économie et moindre risque. Ainsi la chanson, qui introduit l'enfant en douceur à l'univers de la parole, porte logiquement en elle dès sa première expression — la berceuse — les caractéristiques de la dimension symbolique, véhicule d'un désir protéiforme possiblement aussi désir de mort.

L'âge des berceuses passé vient celui des chansons enfantines, qui sont historiquement bien plus jeunes que leurs sœurs aînées. En effet le genre même ne vit le jour que vers le milieu du XIXe siècle, époque où naissait à Freiberg, en Moravie, celui qui allait être le père fondateur de la psychanalyse. Jusqu'alors l'enfant passait directement de la berceuse à l'apprentissage des chansons qui étaient d'usage dans son milieu familial, il reprenait la tradition folklorique de sa région ou répétait les mélodies qui fleurissaient dans son entourage, chansons de métiers ou romances sentimentales. L'enfant, sur lequel Sigmund Freud allait quelques décennies plus tard avancer des hypothèses décisives — en particulier concernant sa vie sexuelle —, n'est plus à cette époque considéré comme un adulte en réduction, et sa spécificité exige qu'un répertoire chansonnier lui soit particulièrement destiné.

Ce n'est qu'en 1846 que paraît le premier recueil de chansons destinées spécifiquement aux enfants, *Chansons et rondes enfantines* : le genre est né. A la suite de cette publication originale d'autres recueils apparaissent, trouvant leurs sources dans les voix-de-ville ainsi que dans les chansons traditionnelles, *Rondes et chansons populaires* ou *Chansons de France pour les petits enfants*, pour ne citer que les plus connues. Un événement historique a beaucoup contribué à la promotion de la chanson enfantine et lui a procuré une diffusion inespérée : l'institution par l'école laïque, dès 1882, des « leçons de chant ». Allant puiser tout naturellement à la source des recueils précédemment cités, cette activité, dorénavant quotidienne pour tous les enfants scolarisés, prit en compte un rôle important — non encore évoqué — de la chanson : son aspect éducatif et socialisant. Du fait qu'elle ouvre la porte au langage lui-même, la chanson présente dans cette logique d'autres aspects facilitateurs, que l'école ne pouvait méconnaître.

C'est en chantant que l'enfant fera l'apprentissage des parties de son corps et de la gestuelle :

Ainsi font, font, font
Les petites marionnettes...

C'est en chantant encore qu'il apprendra les jours de la semaine, les mois, l'enchaînement des saisons :

Lundi matin, l'emp'reur, sa femme et le p'tit prince,
Sont venus chez moi pour me serrer la pince ;
Comme j'étais parti
Le p'tit prince a dit :
Puisque c'est ainsi,
Nous reviendrons mardi !

En chantant, toujours, qu'il fixera dans sa mémoire les lettres de l'alphabet, sur une mélodie attribuée au divin Mozart !

A, b, c, d, e, f, g, h, i, j, k,
l, l, l, m, n, o, p
l, l, l, m, n, o, p...

En chantant en chœur, enfin, qu'il prendra conscience de son appartenance à un groupe, dont il convient de respecter les règles.

Tous les pans de la connaissance, sans exception, feront l'objet d'une chanson, qui verra ainsi confirmer sa vocation facilitatrice : après avoir adouci à l'enfant son entrée dans la parole, elle lui rendra également moins pénible l'accès au savoir. Elle ne dédaignera pas non plus de jouer avec une dimension inhérente à la parole : le mensonge. Dans de nombreux pays existe en effet une tradition de chansons dites « de mensonges » qui procurent un plaisir intense à l'enfant qui peut, grâce à elles, transgresser impunément un interdit, faire effrontément la nique à sa culpabilité :

Je vais vous dire une chanson
Qu'est pleine de mensonges !
Si y'a un mot de vrai dedans,
Que le diable m'emporte, la !

Les mensonges.

Par un bois passant,
A rien ça n'ressemble,
Je vis un hareng
Monté sur un tremble :
De la musique il jouait,
Un aveugle regardait
Pendant qu'un sourd l'écoutait...

Les menteries.

Le scoutisme, le patronage et les colonies de vacances ont renforcé encore l'essor déjà considérable que l'école a donné au répertoire chansonnier qui fit donc, à partir de cette époque, intégralement partie de la culture de l'enfant. Il est cependant un fait à noter, qui ne manquera pas d'interroger le psychanalyste : la grande majorité des chansons enfantines ayant vu le jour dans cette moitié de siècle est constituée de versions édulcorées de chansons plus anciennes, voix-de-ville grivoises ou sensuelles, dont le contenu a été amputé ou censuré afin d'être rendu accessible à de supposées chastes oreilles. Les chansons les plus connues des enfants, dont résonnent les cours de récréation, ont donc eu un contenu ouvertement sexuel qui a parfois totalement disparu dans leur version contemporaine, mais reste encore à l'œuvre dans certaines, sous une forme allusive ou elliptique.

La plus célèbre d'entre toutes, *Au clair de la lune*, souvent attribuée à Lulli mais dont on trouve des traces un siècle auparavant, met en scène dans sa version originale deux personnages : Pierrot, le poète lunaire, issu de la commedia dell'arte, avec sa face poudrée de farine blanche, et Lubin, le moine débauché ou le valet galant, prosaïque et sensuel. Ses deux premiers couplets, repris par des générations d'enfants, ne doivent pas nous faire oublier les deux suivants qui ont succombé sous les coups de ciseaux de la censure :

Au clair de la lune, mon ami Pierrot
Prête-moi ta plume, pour écrire un mot.
Ma chandelle est morte, je n'ai plus de feu
Ouvre-moi ta porte, pour l'amour de Dieu.

Au clair de la lune, Pierrot répondit :
Je n'ai pas de plume, je suis dans mon lit.
Va chez la voisine, je crois qu'elle y est
Car dans sa cuisine on bat le briquet.

Au clair de la lune l'aimable Lubin
Frappe chez la brune, elle répond soudain :
Qui frappe de la sorte ? Il dit à son tour :
Ouvrez votre porte, pour le dieu d'Amour.

Au clair de la lune, on n'y voit qu'un peu.
On chercha la plume, on chercha du feu.
En cherchant de la sorte, je ne sais ce qu'on trouva
Mais je sais que la porte sur eux se ferma.

Il est certain que la première version de cette chanson ou « l'amour de Dieu » laisse place au « dieu d'Amour » a une tout autre signification que l'aimable jeu sur la gamme que nous connaissons de nos jours !

La non moins célèbre chanson *Il pleut bergère*, dont tous les enfants connaissent les premiers vers, est l'œuvre de Fabre d'Églantine et date de 1770. Le contenu ouvertement galant de ses derniers couplets leur a valu d'être effacés de la version destinée aux enfants :

Soignons bien, ô ma mère,
Son tant joli troupeau ;
Donnez plus de litière
A son petit agneau.
C'est fait. Allons près d'elle
Eh bien donc te voilà !
En corset qu'elle est belle,
Ma mère voyez-là !

Eh bien ! Voilà ta couche ;
Dors-y bien jusqu'au jour ;
Laisse-moi sur ta bouche
Prendre un baiser d'amour.
Ne rougis pas, bergère,
Ma mère et moi, demain,
Nous irons chez ton père
Lui demander ta main.

La ronde la plus connue du répertoire de la chanson enfantine est sans doute *Nous n'irons plus au bois* :

Nous n'irons plus au bois,
Les lauriers sont coupés,
La belle que voilà
Les a tous ramassés.

Son histoire est tout aussi édifiante : on en trouve trace dans le *Premier livre des chansons en forme de vau de ville* datant de 1578, où il est question de jeux galants dans les bois. L'air actuel est hérité des première notes du Kyrie de la messe *De Angelis,* sur lequel d'autres paroles ont été déposées, certaines idylliques, d'autres sulfureuses ou franchement paillardes ! La symbolique érotique de cette chanson emplie de « fleurs à cueillir », allégorie souvent employée dans la peinture de l'époque, lui valut un très grand succès dès le XVIIIe siècle, en particulier à la cour de Versailles. Il faut dire que le parc du château était l'endroit de prédilection des belles et des galants qui s'y donnaient rendez-vous sous l'ombre propice des buissons, quand les outils des jardiniers ne les avaient point trop taillés ! De ces jeux de séduction dont l'attrait érotique remonte à la Renaissance, il ne reste aujourd'hui qu'une innocente invite :

Entrez dans la danse, voyez comme on danse,
Sautez, dansez, embrassez qui vous voudrez.

Où demeure tout de même du gai libertinage du passé la permission d'un échange de baisers et la fantaisie du choix du partenaire !

A la claire fontaine, que tant de voix innocentes reprennent en chœur à la veillée, se termine par une plainte dont la symbolique peut paraître bien transparente à des oreilles averties :

C'est pour mon ami Pierre, qui ne veut plus m'aimer
Pour un bouton de rose que je lui refusai.

Il était une bergère, dont les onomatopées « et ron

et ron petit patapon » font la joie des jeunes chanteurs, est elle aussi à entendre dans son double sens, favorisé par la rhétorique du Siècle des lumières, la punition du chaton qui se voit tremper le menton dans le fromage s'éclairant alors d'une lumière plus crue : les expressions « laisser le chat aller au fromage » ou « le chat a mangé le fromage » signifiant en effet à cette époque la perte du pucelage !

Bien d'autres exemples à citer témoigneraient du même phénomène. Comme on peut le voir, le vert paradis des amours enfantines, qui s'est teinté de nouvelles nuances depuis les *Trois essais sur la théorie de la sexualité*, a hérité en fait d'une culture musicale censurée, très exactement marquée par le mécanisme du refoulement. En effet la censure, dans l'acception que lui donne Freud, est une fonction permanente, un mécanisme psychique constituant une barrière entre l'inconscient et le domaine du conscient-préconscient : de ce fait elle se trouve à l'origine du refoulement. En introduisant ce terme dans la théorie psychanalytique, Freud pensait précisément — il en a témoigné dans sa correspondance — à la censure politique, littéraire ou artistique. Celle-ci s'y révèle en effet par des passages supprimés laissant des vides ou par des modifications dans les œuvres qu'elle estime inacceptables : c'est bien ce qui est advenu dans l'histoire de la chanson enfantine. Mais Freud nous a appris autre chose, c'est que tout ce qui est refoulé sous l'effet de la censure n'a qu'une ambition : reparaître au jour, faire retour. C'est pourquoi il a affirmé que refoulé et retour du refoulé sont indissociablement liés, le mécanisme de défense qui vise à écarter les représentations incompatibles avec la conscience morale étant par là même sans cesse menacé d'une mise en échec.

Dans le domaine qui nous occupe, celui de la chanson enfantine, où le refoulement est à l'œuvre, le retour du refoulé ne va pas manquer de se produire. La dimension sexuelle évacuée du contenu de ces œuvres destinées au jeune âge en est la matière d'origine, qui a chu dans les dessous. Réprimée par la censure, elle tente de faire retour, soit en transparaissant de façon allusive dans le texte, soit d'une manière plus éclatante. Les chansons qui en résultent sont l'œuvre des enfants eux-mêmes, issues du traitement qu'ils font subir à ce répertoire qui leur est dédié : c'est ainsi qu'ils ont constitué, soit sur la base des chansons censurées, soit en en créant d'originales avec beaucoup d'invention, ce que l'on a pu appeler « le folklore obscène des enfants ».

La dimension sexuelle resurgissant à cette occasion sera exprimée crûment, mais sera fortement influencée par ce que Freud a nommé les « théories sexuelles infantiles ». Ces théories explicatives que l'enfant se forge sont modelées par ses fantasmes, donc indépendantes des descriptions anatomiques qui peuvent lui être fournies. Elles visent le plus souvent à éclairer pour lui la différence des sexes, la conception et la naissance, et sont particulièrement liées à sa maturation sexuelle et à l'image qu'il se fait du fonctionnement de son corps propre et de celui de l'autre sexe. Ainsi, pendant toute une période, vont prédominer des explications qui tourneront autour d'une hypothèse anale de fécondation et d'accouchement, l'anus étant pour l'enfant en bas âge le seul orifice connu de lui qui puisse satisfaire fantasmatiquement aux questions qui le tourmentent. Voyeurisme et exhibition seront également au rendez-vous dans la thématique de ces chansons pour mettre en scène les angoisses que provoque la menace de castration et aider l'enfant à la surmonter.

C'est donc bien à un retour du sexuel, sous une forme scatologique ou voyeuriste, que nous assistons dans les cours de récréation où les écoliers impertinents se livrent à une re-création des grands succès de la chanson enfantine. Le détournement auquel les enfants se livrent ici est en fait un véritable retour aux sources.

Au clair de la lune est, du fait de sa notoriété, la première chanson visée, qui donne l'occasion aux jeunes poètes de se livrer à de multiples interprétations, d'autant que la « lune » est souvent utilisée dans le vocabulaire enfantin pour désigner le postérieur. Parmi les nombreuses versions existantes, nous choisirons :

Au clair de la lune, j'ai pété dans l'eau,
Ça faisait des bulles, c'était rigolo,
Ma grand-mère arrive, avec des ciseaux,
Elle me coupe les fesses, en trente-six mille
[morceaux !

Cette version présente à nos yeux le mérite d'associer la dimension anale à la menace de castration, et l'on imagine l'économie d'angoisse que représente cette pochade : à la manière d'un bon mot elle va à l'essentiel en surmontant la censure et en provoquant un rire libérateur chez les jeunes auditeurs !

Un autre grand classique, qui met en scène une sexualité teintée d'exhibitionnisme, a régalé des générations :

Quand j'étais petit, je n'étais pas grand,
Je montrais mon cul à tous les passants,
Ma mère me disait : veux-tu le cacher !
Je lui répondais : veux-tu le lécher ?

La castration féminine s'illustre particulièrement dans les couplets du *Prince d'Orange* :

Le prince d'Orange, passant par Namur,
Rencontre une vieille qui chiait contre un mur
Et tirant son sabre tout frais émoulu,
Lui coupa la marde au rasibus du cul !

Un autre succès de cours de récréation porte en lui ses promesses d'éclats de rire :

Il est ni rond ni pointu ni carré,
Il est ovale,
Mon trou de balle !

La liste serait encore bien longue qui apporterait la preuve de l'imagination créatrice de l'enfant au service de son questionnement sexuel. Voici qui nous permet de constater que c'est une fois encore la chanson qui offre son service apaisant à l'enfant quand il s'agit pour lui de se confronter avec le second des sujets traumatiques pour l'humanité parlante, après l'accession au langage : la différence des sexes. C'est elle, toujours, qui sera convoquée quand il s'agira d'aborder toutes les dimensions que la sexualité infantile recèle. C'est en musique, sur le mode le plus léger, que seront traités par l'enfant des domaines aussi problématiques pour lui que la menace de castration, la rencontre des sexes, la procréation ou la mort. Cela ne l'empêchera pas, bien sûr, d'avoir à surmonter d'une façon souvent douloureuse ces épreuves dans l'intimité de son ressenti, mais le « folklore obscène », qui lui fera partager socialement et dans le rire ses tourments avec ses pairs, sera pour lui d'une importance capitale.

On voit bien ici que le rôle pacifiant de la chanson ne se limitera pas aux tout débuts de la vie mais aidera également l'enfant, puis l'adulte qu'il sera devenu, à franchir les étapes ultérieures de son développement et à maîtriser, du moins en partie, les questions que lui pose l'univers de la connaissance.

Une petite musique
S'est faufilée un matin
Avec son air angélique
Dans ma salle de bains
Cette petite musique
Ne me quitte pas d'un pas
Avec ses notes magiques
Et je chante malgré moi...

Je ne sais pas comment faire
Pour oublier ses accords
Quand je lui dis de se taire
Elle me revient plus fort
Et ma petite musique
Pour se faire pardonner
Prend son air mélancolique
Et je me mets à rêver...

Un jour que j'étais tout triste
J'ai voulu la retrouver
Mais elle avait pris la fuite
Et j'ai tout oublié.
Je voudrais bien qu'on m'explique
Comment j'ai fait pour l'aimer
Cette petite musique
Mais elle garde son secret.

J. Farreyol, *Chanson enfantine.*

XI

Oh, Daniela
L'amour n'est qu'un jeu pour toi...

« Salut les copains ! »

A peine rentré du lycée le jeune garçon grimpe quatre à quatre les escaliers de l'immeuble, ouvre la porte de l'appartement et se précipite dans sa chambre. Le cartable fait un vol plané et atterrit sur le lit ; les chaussures, le manteau et l'écharpe se retrouvent pêle-mêle sur le tapis où les attendent quelques pochettes de disques. Le lycéen, qui a déjà bondi sur son transistor et en a poussé le volume à fond, soupire de soulagement : il n'a pas manqué l'heure du début de son émission préférée, et le « chouchou de la semaine » va être annoncé ! Le cœur battant il se colle au poste et pousse un cri de joie : c'est la nouvelle chanson de Françoise qui est élue !

Tout a commencé lorsque, invité chez un camarade de classe qui avait la chance d'avoir la télévision, il a découvert un nouveau venu dans le monde de la chanson : cultivant le style américain, celui-ci faisait une démonstration de twist devant un public de teen-agers enthousiastes. Ils étaient trois dans le salon ce jour-là, devant la télévision : son camarade, la jeune bonne espagnole et lui-même. D'un élan commun ils se mirent à imiter le jeune chanteur, qui s'appelait Johnny

Hallyday, en se dévissant les jambes sur un tempo à perdre haleine. La technique n'était pas si simple, et, une fois acquis le mouvement de base, il fallait passer aux variantes : lever un pied, puis l'autre et, plus difficile encore, effectuer une descente sur les genoux sans perdre pour autant le rythme.

Un peu plus tard, alors que le trio se remettait à peine de ses émotions, un nouveau choc se produisit, lorsqu'un groupe portant un curieux nom, « Les chaussettes noires », exécuta la même danse, sur une chanson qui les séduisit aussitôt (avaient-ils conscience que les paroles prophétiques de ce twist annonçaient une longue éclipse de la chanson à texte ?) :

Tu parles trop, j'entends du soir au matin,
Les mêmes mots, toujours les mêmes refrains,
Bla, bla, bla bla bla bla...

Les jeunes danseurs, grisés par le rythme de cette nouvelle musique, firent face à la petite bonne qui agitait son chignon crêpé. Elle s'appliquait à reproduire les mouvements d'Eddy Mitchell en leur souriant éperdument, et tous trois, chantant à tue-tête, reprirent un refrain qui leur donnait le sentiment exaltant d'entrer dans une ère nouvelle. Ils communiaient, en dansant, sur une musique qui dorénavant leur appartenait à eux seuls :

Bla, bla, bla bla bla bla
Tu parles trop !

Le jeune garçon n'aurait jamais imaginé, en quittant l'univers du poste de T.S.F. et de son œil vert, laissant à ses aînés leurs vedettes, Line Renaud, Dario Moreno et André Claveau, qu'une musique s'adresserait un jour à lui, qu'un style de chansons serait particulièrement destiné à ceux de sa génération. Il pensait, tout naturellement, que le répertoire qui enchantait les adultes, et dans lequel il avait trouvé ses repères, serait un jour le sien, un peu suranné, certes, mais riche de promesses. Il aurait revêtu le costume chic orné d'une pochette blanche, ou même le frac, et, planté devant le micro, il aurait interprété d'une voix sensuelle des chansons de charme pour un public de jeunes femmes en robes de satin.

Mais voilà qu'une vague inattendue et formidable, venue des États-Unis, lui apportait, sur un rythme endiablé, des chansons qui faisaient frémir d'horreur ses parents, des chansons qui n'existaient pas avant que des gaillards en blue-jeans et chemises à carreaux et des jolies filles promues au rang de vedettes les offrent, toutes chaudes, à ceux de leur âge, des chansons sur lesquelles, entre jeunes, on se déhanchait : des chansons jeunes, chantées par des jeunes, pour des jeunes !

S.L.C. Salut les copains ! La petite rengaine donne maintenant rendez-vous au jeune garçon tous les après-midi, et des chanteurs qui ont l'âge d'un grand frère ou d'une grande sœur délogent dans son cœur les vedettes d'autrefois. Il les sent si proches de lui, ces nouveaux venus, leurs voix et leurs silhouettes lui sont si familières qu'il lui semble pouvoir les rencontrer dans la cour du lycée. Ses premiers émois face à l'autre sexe prennent le visage des trois plus connues d'entre les jeunes chanteuses : s'il peut en pensée partager les jeux et les éclats de rire de la récréation avec celle qui porte la jupe à carreaux et les couettes, il se voit bien confier ses soucis et ses peines à la plus romantique qui promène sur les ondes sa longue silhouette et sa nostalgie, mais surtout il imagine la tête des copains si la jolie blonde, celle dont le sourire dévoile les dents du bonheur, venait le chercher à la sortie du lycée !

La célèbre émission de radio donne naissance à un magazine sur lequel se précipitent chaque mois le jeune garçon et tous ceux de son âge : les murs des chambres de lycéens se tapissent de photos, les filles s'endorment en murmurant des mots d'amour à Johnny, les garçons rejoignent en rêve Sylvie ou courent rassurer Françoise : avec eux elle n'ira plus jamais « seule dans les rues, l'âme en peine »... Et chaque jour de nouveaux noms, de nouveaux visages qui interprètent des chansons nouvelles : le jeune garçon connaît l'excitation de ses premières surprises-parties, apprend le rock sur *Sixteen tons*, s'enivre du Canoë qui parfume les cheveux de sa cavalière pendant ses premiers slows sur *Georgia on my mind* et découvre l'instant propice au baiser dans *Zag warum*.

Dans la rue, au lycée, dans les soirées, on ne vit que pour la jeune chanson, elle sort du transistor ou du Teppaz comme une source pétillante, toujours renouvelée, elle remplit les magazines, elle fait chanter sur ses couplets, danser jusqu'à l'épuisement, aimer aussi : grâce à elle on peut avouer à l'autre ce qu'il eût été bien difficile de lui dire de vive voix !

La jeune chanson envahit les scènes, en particulier la plus prestigieuse, l'Olympia, dont les néons de façade affichent les noms des nouvelles vedettes, après y avoir fait briller ceux de leurs inaccessibles aînés. La première fois que le jeune garçon y pénètre et découvre la pénombre rouge du temple de la chanson, c'est pour y écouter Françoise Hardy et Richard Anthony, réunis sur la même affiche. Pour compléter son costume gris et sa cravate il inaugure ce jour-là une chemise rose : cette audace le remplit de fierté, mais il sera, hélas, placé un peu loin pour que Françoise puisse le remarquer !

Il retournera plus tard dans cet endroit magique, pour une soirée mémorable qui associera Trini Lopez, Sylvie Vartan et les Beatles... Après que la salle eut repris en chœur *If I had a hammer*, Sylvie apparaissait et se faisait alors gentiment chahuter par un public surchauffé qui attendait les quatre garçons dans le vent ; elle était pourtant bien jolie, « la plus belle pour aller danser », dans sa robe de mousseline et sa chanson taillée sur mesure par Charles Aznavour ! Mais que pouvait-elle faire face à la « beatlemania », la tornade que déclenchaient les « fab-four », ces quatre chanteurs chevelus qui étaient sur le point de révolutionner le monde de la musique comme seul peut-être avant eux Charles Trenet l'avait fait ?

C'est dans ce tourbillon que le jeune garçon passera ses années d'adolescence, dans la fébrilité d'une découverte incessante. Il gardera toujours dans sa mémoire *Maillot 38-37*, *J'entends siffler le train, Daniela*, et bien sûr *Souvenirs, souvenirs*, mais lorsque déferlera sur la France la vogue de la chanson anglo-saxonne, ce seront de nouveaux rythmes qui donneront forme à ses souvenirs, et des noms aujourd'hui mythiques résonneront pour la première fois à ses oreilles : Bob Dylan, les Rolling Stones, les Who, The Animals et bien d'autres...

Chaque semaine un ami arrive en trombe, un 45 tours sous le bras, lui disant : « Écoute ça ! » La petite galette noire est installée en vitesse sur le tourne-disques et c'est à chaque fois une découverte, une nouvelle voix d'outre-Manche ou d'outre-Atlantique, une intro de guitare, un gimmick, s'imprimant à jamais dans leur mémoire.

Ainsi le grand garçon maladroit qu'il est devenu, gentiment moqué pour sa maigreur, vit de grands moments : la première fois où, sur une plage normande il entend *I can't get no satisfaction* balayant dans l'instant parasols et cabines de bain sous la poussée irrésistible de son rythme ; l'émotion qui le prend à la gorge quand Paul Mac Cartney lui adresse personnellement *Yesterday* au lendemain d'un premier chagrin d'amour ; l'étrange sentiment de sauvagerie, inconnu de lui, qu'il ressent à l'écoute de la voix furieuse et blessée hurlant *House of the rising sun.*

Comme il est loin déjà le temps du *Bal chez Temporel* ! L'irrésistible pulsation des batteurs du « swinging London » a pris dans son rythme le petit garçon amateur de chansons, devenu un adolescent « yé-yé » qui copie la mode de la « bande du Drugstore ». Elle a rejeté dans les malles du passé les bluettes d'autrefois, et la lueur bleutée de l'étrange lucarne a fermé pour toujours la paupière de l'œil vert.

XII

Je n'aurai pas le temps,
Pas le temps...

A l'hypermarché Leclerc, au milieu des courses, j'entends Voyage. *Je me demande si mon émotion, mon plaisir, cette angoisse que la chanson finisse, ont quelque chose de commun avec l'impression violente que m'ont faite des livres, comme* Le bel été *de Pavese, ou* Sanctuaire. *L'émotion provoquée par la chanson de Desireless est aiguë, presque douloureuse, une insatisfaction que la répétition ne comble pas (autrefois j'écoutais un disque trois, cinq, dix fois de suite, attendant une chose qui n'arrivait jamais). Il y a plus de délivrance dans un livre, d'échappée, de résolution du désir. On ne sort pas du désir dans la chanson (où les paroles comptent très peu, seule la mélodie, ainsi je ne comprenais rien des Platters, des Beatles). Ni lieux, ni scènes, ni personnes, rien que soi-même et son désir. Pourtant, c'est cette brutalité et cette pauvreté qui me permettent, peut-être, de faire affluer toute une période de ma vie et la fille que j'étais en entendant, trente ans après, « I'm just another dancing partner ». Alors que la richesse et la beauté du* Bel été *de la* Recherche du temps perdu, *relus deux trois fois, ne me redonnent jamais ma vie.*

Annie Ernaux, *Journal du dehors*.

« Que reste-t-il de nos amours ? »

Un orgue de barbarie la joue, au coin d'une rue un promeneur la siffle, c'est un peintre qui la chante sur son échafaudage, une radio qui la diffuse dans sa rubrique « souvenirs ». Un passant qui flânait la reçoit en plein cœur : c'est bien elle, quelques notes ont suffi pour qu'il la reconnaisse. Avant même qu'il puisse la situer dans son souvenir, lui donner son titre, elle a déjà battu le rappel, et voici que se presse une foule de sensations, d'images du passé. Ce sont des lieux, un visage, des moments enfuis. Le passant n'a pas eu le temps d'y prendre garde, tant elle l'a saisi dans l'instant : il les pensait si loin de lui, ces souvenirs que trois notes ont fait rejaillir ! Alors, songeur, il continue sa promenade, comme un somnambule, et ceux qui le croisent le voient sourire aux anges, ou tenter de cacher ses yeux, brusquement embués.

Ce pouvoir d'évocation nostalgique, au caractère soudain et immédiat, est un privilège qui appartient à la chanson. Une station de radio qui se spécialise dans les chansons d'hier a d'ailleurs pris le nom de « Radio Nostalgie ». Ce privilège, la chanson n'est cependant pas la seule à le détenir, elle le partage avec deux autres grands générateurs d'émotions soudaines : le parfum ct la photographie. Faire surgir en nous la nostalgie des moments perdus, la littérature, la musique classique, le théâtre ou le cinéma s'y entendent également, mais sur un mode radicalement différent : ces arts s'appuient sur la durée, sur le temps linéaire de déroulement d'un discours, qu'il soit celui du récit, de la phrase mélodique ou du développement de l'intrigue. Ils font appel à l'intellect de l'auditeur ou du spectateur, à sa capacité d'intégrer leur message, d'en saisir le sens dans la continuité et d'y trouver des correspondances avec sa propre histoire.

Le parfum, chacun le sait pour en avoir fait l'expérience, nous bouleverse lorsqu'il nous rend visite, à l'improviste : une élégante, croisée sur notre chemin, laisse derrière elle un sillage fleuri, et nous nous surprenons à le reconnaître. Nous avons approché ce parfum autrefois, nous pouvons même le nommer : c'était celui d'une personne aimée. Sans délai nous reviennent, comme par bouffées, les souvenirs heureux ou douloureux qui lui restent attachés. Encore présente, dans ce mode de reconnaissance d'avant les mots, la dimension de l'archaïque est ce qui donne à ces sensations, lorsque nous les retrouvons, leur aspect sidérant. Une fleur qui exhale sa senteur, les fumets d'une cuisine, les odeurs mélangées que la campagne livre à nos sens un soir d'été, peuvent avoir sur nous ces mêmes effets : soudain, sans prévenir et sans que la mémoire ait encore pu faire son office, la nostalgie s'empare de nous, d'une manière quasi physique, et ne nous lâche plus.

De ce point de vue la chanson et la photographie présentent plus d'un point commun : elles ont toutes deux vocation à faire éclore cette nostalgie que le parfum, d'une manière plus primitive, provoque, dirons-nous, « par essence ». Freud avait fort bien décrit cette particularité de la chanson quand il évoquait le pouvoir que détenait Yvette Guilbert : lui faire retrouver sa jeunesse l'espace d'un instant. *Souvenirs, souvenirs*, chantait Johnny Hallyday aux débuts de l'ère yé-yé : bien que destinée aux jeunes et lancée sur un rythme trépidant, la chanson, dans sa nouvelle vocation, nous laissait entendre qu'elle ne faillirait pas à sa mission de rappel du passé.

Quant à Charles Trenet, le maître incontesté, il n'hésitait pas à associer la nostalgie née de la chanson avec celle que provoque la photographie quand il chantait :

Et je repense aux jours lointains...
Que reste-t-il de nos amours,
Que reste-t-il de ces beaux jours ?
Une photo, vieille photo,
De ma jeunesse...

Installons-nous, comme nous le faisons parfois, devant l'album de photos, ou, mieux encore, choisissons-en une au hasard dans le carton à chaussures qui contient toutes celles que nous n'avons pas encore triées. Dès que notre œil se pose sur un de ces clichés un peu jaunis, le passé fait retour avec une extraordinaire consistance, la maison, le paysage, la personne représentée nous sautent aux yeux avec, leur faisant immédiatement cortège, tous les souvenirs qui y sont attachés. Il n'est pas rare qu'ainsi bousculés par la brutalité de cette perception les larmes nous montent aux yeux : c'est le phénomène qui se produit lorsque, sans prévenir, une chanson du passé nous revient aux oreilles. Il est évident qu'elle peut faire l'économie de dérouler sa mélodie dans son entier — cela elle le réservera au plaisir de l'écoute —, les trois notes et les trois mots essentiels qui la composent suffisent amplement à nous bouleverser, et l'effet sur nous en est aussi soudain que celui du cliché tiré de son sommeil par une main innocente. La chanson, comme la photographie, se met aussitôt en perspective sur un axe temporel : celui de nos souvenirs.

Nous avons affirmé que le rôle de la chanson était essentiellement facilitateur lors de l'entrée dans le langage, mais voyons tout de même quel autre enjeu elle comporte, et en quoi elle partage cet enjeu avec la photographie. S'il existe des points communs entre ces deux modes d'expression, c'est dans le sens d'une conservation du souvenir et d'une précipitation temporelle que nous les situerons. Nous pourrons dire alors que, dans ce domaine, la chanson, comme la photographie, facilite à l'homme son voyage dans le temps !

Que la photographie soit affaire de regard semble aller de soi : l'œil de l'objectif fait pour cela suffisamment image. Mais que l'enjeu fondamental de la photographie soit d'ordre temporel semble moins évident. Que soient indissolublement liées à l'acte photographique la dimension du temps, dans ses principales conjugaisons, ainsi que celle de la mort, qui vient mettre un terme à toute entreprise humaine, semble moins évident encore.

Si le temps et la mort sont des dimensions essentielles à l'œuvre dans la photographie, elles appellent irrésistiblement la notion de nostalgie, sentiment très présent quant à lui dans l'écoute d'une chanson du passé. « Nostalgie » est en effet un terme créé au

XVIIe siècle à partir des deux mots grecs *nostos* (retour) et *algos* (mal, souffrance) et qui étymologiquement a donc signifié « retour de la douleur » avant de prendre au XIXe siècle le sens plus général de « regret mélancolique » du passé ou d'une chose idéale que l'on n'a pas eue. Dans cette acception de la nostalgie est sensible une notion de deuil impossible, et par conséquent une référence indirecte à la mort : voilà qui nous ramène à notre préoccupation.

Sur le mode humoristique, l'on connaît l'histoire drôle suivante : la maîtresse distribue la photo annuelle de la classe, elle insiste auprès de ses élèves sur la valeur de souvenir inestimable de ce document. « Plus tard, dit-elle, quand vous regarderez cette photo avec vos propres enfants, vous pourrez leur dire : “Là, voici Alain qui est maintenant avocat ; là, Sophie qui est dentiste ; là, Pierre qui est professeur.” Une petite voix d'élève se fait alors entendre du fond de la classe : “Et là, c'est notre maîtresse, qui est morte !...” »

Sur le mode dramatique, cette fois, un document, connu également : une photographie sur laquelle on peut voir deux hommes asiatiques (*Sudiste exécutant un Vietcong*, Eddie Adams, Saïgon, 1968). L'un braque son revolver sur la tempe de l'autre, le prisonnier : il va tirer dans l'instant qui suit et le visage du condamné est déjà, par anticipation, déformé par l'impact et par la douleur.

Document insoutenable, histoire drôle, et la photographie comme trait d'union entre elles deux, en tant que support au tragique ou au comique. Mais le parallèle ne s'arrête pas là, la photo ne faisant que l'inaugurer : dans ces deux exemples la mort est présente comme ponctuation de la destinée humaine ou de sa folie meurtrière, mais surtout — et c'est ce qui fait de ces deux cas de figure la valeur exemplaire — elle y est liée de façon singulière à la dimension du temps, qu'elle vient ponctuer.

Agnès Varda, contemplant cette scène tragique où un homme s'apprête à donner la mort à un autre homme, fait remarquer que l'essentiel du choc produit par ce document tient à ce que deux temps s'y télescopent : « C'est arrivé et cela va arriver », sentiment exacerbé ici par l'imminence du coup de feu. Il faut cependant, pour lui donner toute sa portée, ajouter à cette remarque si pertinente de la cinéaste un temps troisième : « Cela arrive », qui vient nouer les deux précédents dans le regard fasciné du spectateur.

Si cette réflexion a été inspirée à la cinéaste par la violence particulière d'un certain document, elle n'en concerne pas moins *toute* production photographique : présent, passé et futur y sont toujours, dans l'acte de la prise de vue, fixés sur la pellicule ou sur le papier sensible en un temps autre, précipité des trois, qui n'est pas sans évoquer celui qui est à l'œuvre dans la chanson quand elle précipite le souvenir, ou celui-là encore, réglé au pas du processus primaire, qui règne dans l'inconscient. Freud a pu en effet qualifier d'intemporel ce lieu où l'intention vaut l'acte, où les figures du passé, toujours vivantes, jettent leur voile sur l'avenir du sujet.

Un autre témoignage, apparemment contradictoire, exprimé au cours d'un colloque sur la photographie à l'École normale, s'exprime à propos de cette même photographie : « Certes elle est impressionnante, mais, quand on voit le film dont elle est extraite, l'effet dramatique en est considérablement amoindri, on reste somme toute assez indifférent... » Rien d'étonnant à cela en effet puisqu'il s'agit, dans l'exemple cité, d'un document cinématographique : le mouvement, la continuité produits par le film empêchent précisément le nouage des trois temps à l'œuvre sur la photo qui en est extraite, nouage spécifique à tout cliché photographique. Nous avons vu plus haut, en effet, que ce qui donne à la photographie, comme à la chanson, un pouvoir sidérant d'évocation, c'est qu'elles ne jouent pas sur la durée, contrairement aux autres arts, mais sur l'impact immédiat.

La petite histoire humoristique où la photographie joue un rôle central met en scène elle aussi cette précipitation des trois temps : la maîtresse est morte, elle va mourir, mais elle est là aussi, bien vivante, bouche bée devant la sortie inconsciemment cruelle de l'enfant. Il n'est pas étonnant, dans la logique de ce que nous développons, que ce soit à une photographie que cette plaisanterie doive son effet sur l'auditeur.

Bien sûr, on ne peut évoquer la photographie sans parler du regard, suivre sa trajectoire autour de l'objet offert, paralysé. Cependant l'enjeu primordial, originaire au sens où il précède l'entrée en acte du regard, est d'ordre temporel : la photo est jouissance du temps arrêté.

Une photographie est avant tout un souvenir ; on l'appellera aussi, c'est à noter, un « instantané », que nous irons jusqu'à entendre « instant tanné », opération qui assurerait, comme à une peau, la conservation. Souligner la fonction de souvenir d'une photo peut sembler un lieu commun, et pourtant l'acte de sortir d'un coffret un cliché qui reposait là depuis des années met en route, nous l'avons vu, un processus qui peut sembler magique : le temps fait aussitôt retour, et c'est une surprise, une douleur parfois quand vient brutalement à notre rencontre l'image souriante d'un disparu. Un visage apparaît, mais avec lui c'est une histoire qui nous saisit, déroulée dans le temps : l'actualité d'une prise de vue, arrêtée pour toujours, le chemin d'une vie qui l'a précédée, la destinée qui l'a suivie. Le portrait se place pour nous, aussitôt, sur une échelle temporelle.

En fait, quels qu'ils soient, l'objet, le paysage, le mouvement ou l'être aimé saisi par l'objectif subissent cette précipitation temporelle : ils ont préexisté à cette saisie, ils sont là, dans l'instant, et ils auront tôt ou tard disparu. La photographie est là pour témoigner d'un « cela a été », selon la formule de Roland Barthes. L'acte d'appuyer sur le déclencheur — paradoxalement nommé ainsi alors qu'en fait sa fonction est d'arrêter — fige l'inéluctable mouvement, celui qui mène sûrement à la mort.

En est-il de même lorsque nous entendons, des années plus tard, une chanson qui a marqué une étape de notre vie ? Certainement, si nous pensons que le sentiment spécifique qui naît de cette écoute, la nostalgie, contient en lui une précipitation temporelle comparable à celle que provoque la photographie. L'instant où les trois notes entendues nous bouleversent est situé dans le présent, c'est bien « ici et maintenant » que nous l'entendons, avec ce que nous sommes aujourd'hui, un travail de deuil s'étant plus ou moins bien accompli sur ce que fut notre vie passée. Dans le même temps c'est évidemment l'« autrefois » qui surgit dans toute son actualité, réincarné par le pouvoir évocateur de la mélodie. La dimension de la mort, servant de pivot à cette reviviscence, situe le tout dans une perspective où le futur antérieur est le temps grammatical qui fait loi. Entendue dans ce sens, la chanson est elle aussi un « instantané » et répond donc au même principe temporel que le cliché qui porte ce nom.

Photographie et chanson n'ont pas cette seule dimension en commun : elles se partagent également le triste privilège de n'avoir point accédé sans heurt, dans l'histoire, au titre honorifique d'art à part entière : également déconsidérées, elles ont suivi en ce sens des voies parallèles. Les résistances ont été nombreuses aux débuts de la photographie à lui accorder ce statut, les critiques préférant ne voir en elle qu'un sous-produit de la peinture ; elle aura ainsi partagé avec la chanson le qualificatif d'« art mineur ».

Mais la chanson présente un point commun de plus avec la photographie : si cette dernière est le reflet d'un pathétique effort pour lutter contre l'inéluctable, la disparition de toute œuvre humaine, ne peut-on en dire autant de l'énergie que les hommes ont mise à composer des couplets sur chaque événement de leur existence ? C'est là que nous pouvons voir également à l'œuvre le souci caractéristique des mortels de laisser trace à la postérité, d'immortaliser par une forme d'expression sur laquelle le temps n'a pas de prise (une chanson ne s'efface jamais de la mémoire) tout ce qui serait, sans elle, destiné à sombrer dans « la nuit froide de l'oubli ».

— C'était au grand concert donné par la Reine de cœur, où je devais chanter :
« Scintille, ô ma chauve-souris !
Que fais-tu dans le soir tout gris ? »
Je suppose que tu connais la chanson ?

— J'ai entendu quelque chose de ce genre.

— Vois-tu, elle continue comme ceci :
« Tu voles dans le ciel d'été,
Comme un petit plateau à thé !
Scintille, scintille... »

Ici le Loir se secoua, et se mit à chanter tout en dormant :
— « Scintille, scintille, scintille, scintille... »

Et il continua pendant si longtemps qu'ils durent le pincer pour le faire taire.

— Eh bien, j'avais à peine fini le premier vers, reprit le Chapelier, que la Reine se leva d'un bond en hurlant :
« Il n'observe pas les pauses entre les mots ; il massacre le temps ! Qu'on lui coupe la tête ! »

— Quelle horrible cruauté ! s'exclama Alice.

— Et depuis ce jour-là, continua le Chapelier d'un ton lugubre, le Temps refuse de faire ce que je lui demande ! Il est toujours six heures, à présent.

Lewis Carroll, *Alice au pays des merveilles*.

XIII

Les gens m'appellent l'idole des jeunes,
Il en est même qui m'envient...

Oh yeh, I'll tell you something, I think you'll understand.
Then I'll say that something, I wanna hold your hand,
I wanna hold your hand, I wanna hold your hand.

Oh please, say to me, you'll let me be your man,
And please, say to me, you'll let me hold your hand,
Now let me hold your hand, I wanna hold your hand.

Yeh you, got that something, I think you'll understand,
When I feel that something, I wanna hold your hand,
I wanna hold your hand, I wanna hold your hand.

John Lennon / Paul Mac Cartney.

Chantons en chœur

Le sentiment unique de partager un moment d'exception, d'appartenir à la même communauté, la sensation d'être, l'espace d'un instant, en communion avec l'autre, nous ne les ressentons jamais aussi intimement que lorsque nous chantons avec lui, en chœur. Ainsi toutes les entreprises humaines qui rassemblent des foules autour d'un même centre d'intérêt, d'une même croyance ou d'une même passion ont leurs chants propres.

Si de grandes institutions comme l'armée ou l'Église possèdent leurs hymnes ou leurs cantiques, ce n'est pas uniquement afin de rendre plus harmonieux leur credo : bien davantage, ces chants sont des formes musicales dont l'effet est de renforcer les membres du groupe dans le sentiment exaltant d'appartenir au même « corps ». Hymnes patriotiques ou guerriers qui soudent entre eux leurs interprètes dans un amour sans faille pour la mère patrie, puis les lancent à l'assaut de l'ennemi en faisant fi de leurs pulsions d'auto-conservation, hymnes religieuses qui, dans une communion idéale, unissent les fidèles dans l'adoration d'un dieu paternel, tous ces chants ont pour fonction d'abolir les frontières du Moi. Cette abolition se fait au profit d'un sentiment « océanique » d'appartenance à une communauté, une illusion de « non-séparation » qui tire sa cohésion de l'amour que voue chacun de ses membres à un Créateur tout-puissant.

Freud s'est intéressé précisément à ce phénomène dans un texte datant de 1921, *Psychologie des foules et analyse du Moi*, dans lequel il a consacré un chapitre particulier à l'étude de ces « deux foules artificielles : l'Église et l'armée ». S'il n'y évoque pas particulièrement les chants spécifiques à ces institutions — chants qui participent cependant à l'éclosion de l'effet de groupe et en témoignent —, il insiste en revanche sur la dimension libidinale du lien qui y existe entre les individus : « ... la foule doit manifestement sa cohésion à un pouvoir quelconque. Mais à quel pouvoir pourrait-on attribuer cet exploit si ce n'est à l'Éros à qui le monde entier doit sa cohésion ? » « ... si l'individu isolé dans la foule abandonne sa singularité et se laisse suggestionner par les autres, il le fait parce que le besoin existe en lui d'être avec eux en accord plutôt qu'en opposition, et donc peut-être, après tout, de le faire "pour l'amour d'eux". »

Il y aurait donc chez les membres de ces « foules artificielles », selon Freud, un désir de ne faire qu'un avec les autres dans un idéal d'amour collectif où l'individu accepterait de se défaire de ses attributs personnels. Il le fera « pour l'amour d'eux » certes, mais Freud ajoute que cet abandon du Moi, l'individu y consentira dans le même temps pour l'amour d'« Un » : « Dans l'Église [...] prévaut, comme dans l'armée, aussi différentes qu'elles puissent être par ailleurs, le même mirage (illusion) qu'un chef suprême est là —

dans l'Église catholique le Christ, dans l'armée le commandant en chef — qui aime tous les individus de la foule d'un égal amour. »

« Amour de Dieu » ou « Amour sacré de la patrie » : lorsque ces foules chantent à l'unisson, c'est alors que l'illusion décrite par Freud est à son apogée et que les individus au coude à coude, portés par la mélodie, font entendre « comme un seul homme » l'exaltation de leur sentiment. Qu'une forme musicale proche de la chanson permette aux hommes ce mirage de fusion amoureuse ne doit pas nous étonner si nous restons fidèles à notre hypothèse initiale : ils célèbrent là les noces mélodiques, à chaque chant renouvelées, de l'être parlant avec le symbolique, scellant ensemble un pacte avec les signifiants de l'organisation dans laquelle ils communient. Refaisant de ce fait, de manière déplacée, leurs premiers pas dans le langage, ils franchissent avec la même allégresse une barrière semblable à celle qui leur donnait accès à l'ordre symbolique, à ceci près que les signifiants *premiers* auxquels ils étaient introduits deviennent ici des signifiants *nouveaux*, qu'il s'agisse du vocabulaire spécifique de l'armée ou de celui de l'Église dans laquelle ils s'inscrivent. Ils retrouvent dans le même temps, véhiculés par des mots inscrits sur une mélodie, l'équivalent des premiers témoignages d'amour qui leur furent adressés, et à leur tour les dédient, en chantant, à une puissance tutélaire.

Jusqu'au milieu de ce siècle, le chant collectif a accompagné les grands moments de l'histoire, les rites religieux et toutes les occasions que les hommes ont trouvées de se réunir pour s'instruire, se réjouir, conjurer le sort ou commémorer ensemble de grands événements : rondes et comptines pour commencer, puis chansons d'étudiants, refrains de noces et banquets, chansons à danser, sans compter les chansons à boire, souvent gaillardes, les chansons de métiers ou de marins...

Mais un événement sans précédent a permis, par son développement rapide, que des foules immenses se rassemblent pour communier dans l'amour partagé de la chanson : l'apparition, au début des années soixante, d'une musique spécifiquement jeune, destinée aux teen-agers et chantée par des interprètes issus de la même génération que leur public. Ce phénomène, qui n'a cessé de se développer depuis, au point de donner lieu à des concerts se livrant à une surenchère de records d'affluence, a fait son entrée dans l'histoire de la seconde moitié du siècle et comme tel y a inscrit ses périodes clefs et ses dates anniversaires, parmi lesquelles, de 1960 à 1965, l'ère « yé-yé » et son émission phare « S.L.C. », la « Beatlemania » dès 1963, l'avènement de la « pop-music » à partir de 1966, le mémorable rassemblement de Woodstock en 1969, le triomphe du « disco » en 1975...

Les premiers concerts de Johnny Hallyday, mais surtout ceux des Beatles, déclenchèrent un phénomène qui ne manqua pas de scandaliser la génération précédente. De véritables scènes d'émeute qualifiées par la presse d'« hystérie collective » se produisirent ; elles prirent une ampleur que l'on n'avait pas connue depuis les funérailles de Rudolf Valentino en 1926 ! La télévision se chargea de retransmettre ce spectacle jusqu'alors inconnu (le public pondéré qui tapait des mains en cadence en écoutant ses chanteurs favoris n'avait pas habitué les médias à de tels débordements) : des jeunes filles hurlant de manière suraiguë, secouant la tête en tous sens et sanglotant pendant que sur scène leurs « idoles » interprétaient des chansons rendues d'ailleurs parfaitement inaudibles par les cris du public.

Régulièrement les concerts donnés par ces nouvelles vedettes étaient l'occasion de pareils débordements : des évanouissements ponctuaient ces démonstrations d'amour fou, et un cordon de brancards en évacuait les victimes ! Les garçons n'étaient pas en reste et, s'ils perdaient moins fréquemment connaissance que leurs compagnes, leur excitation n'en était pas moins portée à son comble sous la forme d'une agressivité déchaînée allant jusqu'à leur faire réduire en pièces les fauteuils des salles de spectacle !

S'agissait-il d'« hystérie » ? La question vaut d'être posée, mais que le phénomène fût « collectif » ne fait pas de doute : en ce sens il mérite d'être examiné à la lumière des hypothèses freudiennes sur la psychologie des foules, et il n'est pas indifférent, nous le verrons, que ces excès (qui sont encore d'actualité) aient été déclenchés par des interprètes de la chanson, seuls à détenir le pouvoir de provoquer chez leur jeune auditoire des comportements qu'aucun autre artiste, dans aucun autre domaine, n'avait suscité à ce jour. Freud, précurseur en ce domaine comme en tant d'autres, avait déjà décrit ce phénomène (certes moins paroxystique dans la Vienne du début du siècle !) et en avait également situé la cause déclenchante chez des chanteurs ou des musiciens, à qui il avait déjà donné le statut d'*idoles* : « Que l'on pense à la troupe exaltée de femmes et de jeunes filles amoureuses qui se pressent autour du chanteur ou du pianiste qui vient de se produire. Sans doute en faudrait-il peu à chacune d'entre elles pour être jalouse de l'autre, mais, devant leur nombre et l'impossibilité qui y est liée d'atteindre le but de leur sentiment amoureux, elles y renoncent et, au lieu de se prendre aux cheveux les unes les autres, elles agissent comme une foule unie, elles rendent hommage à l'idole dans des actions communes et seraient heureuses, par exemple, de se partager ses boucles de cheveux. »

Les chanteurs des années soixante, ainsi propulsés en quelques semaines au sommet de l'affiche — et de la gloire — devaient cet honneur à une chanson, un seul titre qui suffisait à les rendre « immortels » même si leur carrière ne connaissait ensuite aucun autre succès : deux minutes trente-cinq de bonheur contre une vie de souvenirs ! Ce phénomène, inimaginable en ce qui concerne tout autre domaine artistique, s'éclairera peut-être si nous rappelons que la chanson possède à la fois ce caractère inoubliable et cet aspect de précipitation temporelle, à l'égal de la photographie et de ses « instantanés » qui conservent à jamais le souvenir.

Qu'un succès entraîne avec lui son interprète et le conserve, comme le ferait une prise de vue, à l'abri de l'usure de la mémoire nous rappelle également ce que nous avons décrit du caractère archaïque, originaire, de la chanson qui rend ineffaçable dans le psychisme humain le souvenir des premières expériences vitales, des premiers liens langagiers et des figures qui y furent attachées.

Les jeunes vedettes, qui ont à leur insu occupé cette place — et fait revivre, à tous ceux qui reprenaient leurs couplets, leurs premières expériences d'introduction au langage —, ont eu de ce fait à porter le redoutable titre d'« idoles des jeunes ». Ces nouvelles divinités païennes, adorées par leur public, trouvaient leur consécration quand elles brillaient en lettres de néon écarlates au fronton d'un temple, l'Olympia par exemple, dont le nom n'est pas sans évoquer le mythologique séjour des dieux ! Une affiche mémorable du célèbre music-hall, dans les années soixante, qui annonçait un spectacle intitulé précisément *Les idoles des jeunes,* réunissait toutes ces gloires naissantes sur un totem portant leurs noms !

Ce dernier emblème ne peut manquer de nous faire penser à ce que Freud énonce dans son livre *Totem et tabou*, ouvrage dans lequel il décrit comment se constitue l'organisation sociale de certains peuples primitifs autour du « totem ». Celui-ci, nous rappelle Freud, est le plus souvent choisi dans le règne animal, considéré à la fois comme ancêtre et symbole d'une tribu, et permet, par les rituels qu'il inspire, de définir des règles de comportement et des lois essentielles au bon fonctionnement social, telles celles de la prohibition de l'inceste et de l'obligation de l'exogamie. L'animal totémique, explique encore Freud, donne lieu à des rituels très précis, suscite un cérémonial autour de sa personne qui inclut un très grand respect mêlé d'une immense crainte, le sentiment qu'il inspire trouvant sa meilleure définition dans le terme de « terreur sacrée ». On repense ici à la définition que Jean Cocteau avait donnée des grands comédiens de sa génération : des « monstres sacrés », capables de provoquer chez leurs admirateurs, à la manière du totem, des sentiments pour le moins mélangés.

L'ambivalence des sentiments adressés à l'animal totémique, telle que Freud nous la décrit dans son étude, se traduit par des comportements qui se rapprochent étrangement de celui des « fans » à l'égard de leurs idoles : « Le membre du clan cherche à accentuer sa parenté avec le totem en se rendant extérieurement semblable à lui, en se couvrant de la peau de l'animal, en faisant graver sur son corps l'image de l'animal [...] des danses, au cours desquelles tous les membres de la tribu se couvrent de la peau de leur totem et accomplissent les gestes et les démarches qui le caractérisent, sont exécutées... »

S'il comporte des offrandes, des attitudes identificatoires et des témoignages d'amour, le cérémonial adressé au totem peut également aboutir au sacrifice — soumis à des rituels très stricts — de l'animal adoré ! Les divers témoignages des vedettes de la chanson quant au comportement de leurs « fans » nous montrent à l'évidence que celles-ci ont affaire à des manifestations hautement contrastées : amour poussé jusqu'au harcèlement, vêtements mis en pièces, haine exprimée par des lettres vengeresses ou des menaces de mort parfois mises à exécution, les démonstrations d'amour des admirateurs de ces « bêtes de scène » sont en tous points comparables à celles des peuples primitifs envers leurs animaux totémiques.

Mais revenons à *La psychologie des foules,* pour essayer d'y comprendre, avec son auteur, à quels mécanismes obéissent les comportements parfois irrationnels du groupe et comment ceux-ci sont liés à la présence — essentielle, selon Freud, pour comprendre les phénomènes de foule — d'un « meneur » à la fois craint et bien-aimé. Les manifestations spectaculaires et excessives que nous avons décrites trouveraient ainsi un début d'explication lorsqu'elles sont présentées, dans cet essai, sous la forme d'une irruption de motions inconscientes permise aux jeunes spectateurs par une abolition momentanée du refoulement : « ... l'individu se trouve, dans la foule, mis dans des conditions qui lui permettent de se débarrasser des refoulements de ses motions pulsionnelles inconscientes. Les propriétés apparemment nouvelles qu'il présente alors sont justement les manifestations de cet inconscient, dans lequel assurément tout le mal de l'âme humaine est contenu de façon constitutive... »

Dans ce même texte Freud insiste, nous l'avons vu, sur l'importance du « meneur », sans la présence duquel l'effet de groupe ne peut se produire. Ce meneur polarise sur lui les sentiments amoureux de la foule et est à l'origine de l'effet de cohésion des individus entre eux, du fait qu'ils partagent leur fascination pour le même objet. « Il n'y a manifestement pas loin de l'état amoureux à l'hypnose », ajoute Freud, ce qui le conduit en toute logique à comparer les réactions de la foule en délire à celle d'un sujet sous influence, soumis à la « suggestion » d'un hypnotiseur qui remplit alors le même office que le meneur. Reprenant un ouvrage de Le Bon sur la psychologie des foules, Freud apporte sa caution à cet auteur quand celui-ci affirme que l'état d'un individu dans la foule est « véritablement hypnotique ».

« Évanouissement de la personnalité consciente, prédominance de la personnalité inconsciente, orientation par voie de suggestion et de contagion des sentiments et des idées dans le même sens, tendance à transformer immédiatement en actes les idées suggérées, tels sont les principaux caractères de l'individu en foule. »

Freud ajoutera même : « L'influence d'une suggestion le lancera avec une irrésistible impétuosité vers l'accomplissement de certains actes. Impétuosité plus irrésistible encore dans les foules que chez le sujet hypnotisé, car la suggestion, étant la même pour tous les individus, s'exagère en devenant réciproque. »

En rapportant ces conclusions au sujet qui nous intéresse ici, nous pourrons donc dire que le chanteur, en place de meneur lors de sa prestation, a sur son public une influence plus intense encore que celle d'un hypnotiseur sur son patient et le conduit par son art à des manifestations qui ne sont pas éloignées de celles des grandes attaques hystériques provoquées par Charcot sur les malades de la Salpêtrière, du temps où le jeune Freud venait à Paris suivre son enseignement.

Du fait qu'ils sont portés par une mélodie, les mots que le chanteur adresse à son public ont sur ce dernier un impact sans équivalent, ce qui rend plus sensible encore l'effet décrit par Freud : « De plus, la foule est soumise à la puissance véritablement magique de mots qui peuvent provoquer dans l'âme des foules les plus formidables tempêtes et aussi les calmer. »

Souvenons-nous que dans ses *Études sur l'hystérie* Freud émettait l'hypothèse que les phénomènes hystériques étaient dus à un « traumatisme psychique » (supposé avoir été provoqué par un événement réel, puis fantasmatique dans l'élaboration ultérieure de sa théorie) auquel ni le souvenir conscient ni l'« abréaction » n'avaient permis la décharge. L'hystérique souffrait donc de « réminiscences », selon la formule de Freud, et la crise cathartique provoquée par l'hypnose, durant laquelle le malade revivait de façon très actuelle et très douloureuse l'événement traumatique, lui permettait — momentanément — d'en être soulagé. Cette crise « expérimentale » présentait presque toujours le caractère — quoique passablement exagéré — d'une réaction normale de décharge, dont la nature ordinaire vise, comme le décrit Freud, à « sich austoben, sich ausweinen » : « se vider par la colère, par les pleurs ».

Les visages ruisselants de larmes, les fauteuils brisés dans une rage irrépressible, évoquent très exactement les pleurs et la colère accompagnant la décharge typique de la catharsis obtenue par hypnose. Que tout ceci se passe dans l'enceinte d'une salle de spectacle ne doit pas nous étonner outre mesure, le terme freudien d'« autre scène » qui caractérise le lieu de l'inconscient faisant suffisamment image. Les grandes démonstrations « théâtrales » des hystériques de la Salpêtrière portaient également ces phénomènes sur une scène semblable aux tréteaux où se produisait l'« histrion », et il faut se souvenir que le Tout-Paris de l'époque se précipitait à ces présentations du grand maître Charcot, comme il l'aurait fait pour se rendre aux *re*présentations de l'opéra ou du café-concert.

Mais que, à l'image des pionniers de la découverte de l'inconscient, des artistes de music-hall puissent aujourd'hui encore, par l'intermédiaire de simples chansons, provoquer, chez les jeunes sujets qui reprennent en chœur leurs refrains, ces pleurs, ces hurlements et ces bris rageurs d'objets, voilà qui nous confronte à de nouvelles questions : pourquoi serait-ce spécifiquement à la chanson que reviendrait le privilège d'induire un tel phénomène et à quel trauma la crise ainsi produite apporterait-elle son effet cathartique ?

On ne peint pas les tableaux du peintre, on n'écrit pas les livres de l'écrivain, mais on chante les chansons du chanteur, parfois aussi habilement que lui : voilà qui distingue encore une fois ce mode d'expression de tout autre. Lorsqu'on interprète les succès d'une vedette, un naturel effet de mimétisme fait que l'on reprend les accents et la gestuelle de leur créateur, que l'on se coule « le temps d'une chanson » dans la personnalité de celui qui nous les a fait connaître. Il y a là un phénomène identificatoire propre à celui que nous avons vu à l'œuvre chez le primitif face à son animal totémique, mais que l'on rencontre également au cours du développement psychique du jeune enfant.

Dans le texte cité précédemment, *Psychologie des foules et analyse du moi,* Freud nous donne une définition de l'« identification » dont il distingue trois formes, la première étant celle qui va retenir ici notre attention : il la décrit comme étant chez l'homme le signe de « l'attachement affectif le plus ancien à une autre personne ». Dans *Le moi et le ça*, qui date de 1923, il reprend cette notion pour affirmer que la première et la plus importante des identifications est celle qui se fait « au père de la préhistoire personnelle ». Cette définition, il prendra soin de la nuancer par une note, en remplaçant dans celle-ci « père » par « parents », constituant ainsi une entité « père-mère » indifférenciée à ce stade du développement libidinal de l'enfant où la distinction des sexes n'est pas encore effectuée. Il semble bien que ce soit à cette identification primaire qu'il faille se référer pour décrire ce qu'il en est du comportement des jeunes foules (qu'elles soient composées de garçons ou de filles) face à leurs idoles.

C'est cette identification, écho de leur premier attachement affectif, qui les mènera à adopter la tenue vestimentaire de la vedette admirée, à copier sa mimique et sa posture, à chanter avec lui et surtout à se laisser déborder par des affects incontrôlables. Le plus souvent, il est vrai, c'est une vedette masculine qui déclenche les phénomènes que nous avons décrits, mais c'est uniquement à son organe vocal qu'elle doit ce pouvoir : son apparence physique n'est évidemment pas indifférente mais, lors de l'interprétation de sa chanson, ce sont les modulations de sa voix qui produisent l'effet de transe chez ses auditeurs. Il suffira aux nostalgiques des Beatles de se souvenir de l'un de leurs premiers tubes, *I wanna hold your hand*, et de repenser au paroxysme d'excitation que provoquait leur passage en voix de tête sur le mot « hand » au milieu du refrain [1] ! L'allure souvent androgyne des interprètes et leurs voix de fausset, stigmatisées par la presse bien-pensante, le scandale de leurs cheveux longs renforçaient encore à l'époque cette dimension d'indifférenciation qui facilite le renvoi à la première identification décrite par Freud.

Il pourrait être tentant de réduire ce phénomène à sa dimension érotique : le public se livrant à de telles manifestations est en effet situé dans une tranche d'âge où le franchissement encore récent de la puberté livre le jeune sujet à ses premiers émois amoureux et à ses premières expériences sexuelles. Faut-il pour autant

---

1. Un rapprochement s'impose ici avec la grande époque des castrats, où des chanteurs comme Farinelli faisaient se pâmer des salles entières et provoquaient de véritables crises d'hystérie chez le public féminin. La voix très puissante de ces chanteurs, qui possédait dans son équivoque des caractéristiques à la fois enfantines, féminines et masculines, pouvait vocaliser sur plus de trois octaves. Ces artistes avaient sur l'audience un pouvoir que l'on pourrait en effet comparer à celui des chanteurs responsables des débordements typiques des années soixante.

imaginer que les sanglots et les passages à l'acte violents seraient à mettre au compte d'une résolution de tension de type orgasmique ?

Pour rester fidèles à notre hypothèse nous choisirons plutôt de regarder ces débordements sous l'angle d'une régression, d'autant qu'ils s'adressent — selon les règles de cette indentification primaire — à une entité double, au sexe indifférencié. Remuer la tête en tous sens, pousser des cris et pleurer peut éventuellement renvoyer au plaisir sexuel, mais bien davantage dans ce cas évoquer le mode d'expression spécifique à l'« infans », qui traduit la plupart de ses tensions et de ses émotions par ce genre de manifestation. Briser des objets tels que les fauteuils des salles de spectacle est un acte qui exige la force physique d'un adolescent : cela n'en rappelle pas moins le sort qu'un sentiment de toute-puissance contrariée pousse l'enfant en bas âge à faire subir aux objets qui l'entourent. Ainsi les deux comportements typiques des spectateurs de concerts pourront nous renvoyer à ceux, non moins typiques, de l'enfant qui n'est pas encore entré dans l'univers de la parole, laquelle lui permettra ultérieurement de différer la satisfaction immédiate ou, par la symbolisation, de procéder, sans casse, au « meurtre de la chose ».

Nous avons expliqué dans une note d'un chapitre précédent que l'entrée dans le langage se faisait, selon Lacan, par l'instauration d'une métaphore originelle. Cette métaphore est celle qui instaure la dimension du « Nom-du-Père », et cette première chute d'un signifiant dans les « dessous » est la version lacanienne du « refoulement originaire » freudien, celui qui entraîne tous les autres à sa suite dans la constitution de l'inconscient où se trouvent maintenues dès lors toutes les représentations réprimées. La levée des inhibitions à laquelle nous assistons lors de ces concerts, sous l'effet hypnotique de l'« idole », qui laisse les jeunes sujets face à leurs représentations d'avant l'instauration de la parole, serait-elle à assimiler à une levée du refoulement originaire ?

Nous avons donc en présence, si nous voulons forcer le trait, un chanteur et un public : le premier sur une scène, dominant de sa stature d'adulte le second, réduit en contrebas à une passivité enfantine. Employant la forme chantée qui facilite depuis toujours chez l'humain l'entrée dans l'univers de la parole, le chanteur — meneur, totem, hypnotiseur, objet d'amour — s'adresse à une foule qui retrouve face à lui le comportement d'un enfant dans le moment précis qui précède sa rencontre avec la « dit-mension » qui fera de lui un « parlêtre ». Cette rencontre, souvenons-nous, sera traumatique si nous l'entendons au sens lacanien d'introduction à la violence du signifiant.

Voilà que se profile un début de réponse à la question que nous nous posions sur la nature du trauma que la « crise cathartique » du jeune public en émoi vient réactualiser. Lorsqu'il retrouve par l'intermédiaire de la chanson les premiers émois — cris, pleurs et manifestations agressives — qui précédaient son entrée dans la parole et l'instauration du refoulement originaire, l'auditeur retrouve dans le même temps ses premiers attachements à ceux qui lui ont adouci le trauma lié à cette introduction et à l'expérience de la division. Ces retrouvailles se font sur un mode analogue à celui qui présida à cette épreuve initiatique : l'identification.

Freud nous donne par ailleurs une indication supplémentaire qui précisera encore la nature de cette identification première : « ... il arrive souvent que le choix d'objet redevienne identification [...] il ne doit pas non plus nous échapper que l'identification [...] est partielle, extrêmement limitée, et n'emprunte qu'un seul trait à la personne-objet. »

Ce trait, emprunté à l'autre et auquel la personne s'identifie, est donc, selon Freud, unique : c'est d'ailleurs à partir de cette définition que Lacan construisit sa notion de « trait unaire ». Cette notion, il la lança à son auditoire sous la forme d'une de ces phrases lapidaires dont il avait le secret : « Y'a d'l'un ! » (où nous ne manquerons pas de relever la parenté avec le titre d'une chanson, l'une des plus célèbres du « fou chantant », Charles Trenet, « Y'a d'la joie ! »).

Précisément, ce trait unaire ou ce trait unique identificatoire, ne pouvons-nous le repérer dans ce que le chanteur adoré offre à son auditoire : une chanson ? Nous avons remarqué plus haut que ce qui distingue une chanson ce sont ces trois notes qui la constituent comme telle et la rendent reconnaissable entre toutes. Si ce ne sont pas les quelques notes de sa mélodie, c'est alors ce que l'on appelle l'« intro » qui y suffit, ou bien encore le « gimmick », cette petite astuce musicale qui y restera pour toujours associée. Immédiatement reconnue dans cette « plus petite différence », au même titre que le grain de la voix du chanteur, la chanson pourra être reprise, chantée à son tour par le public qui, la faisant sienne, s'identifiera à celui qui l'a créée, par l'intermédiaire de ce trait unaire.

Que le phénomène que nous avons examiné se soit exacerbé dans les années soixante, avec les premiers concerts destinés spécifiquement aux teen-agers, est sans doute dû au fait que cette génération avait conscience de vivre un événement sans précédent dans l'histoire de la musique, sentiment qui a renforcé son exaltation. De plus, la tranche d'âge du public auquel ces chansons s'adressaient se trouve être celle d'un passage : l'adolescence est en effet une période durant laquelle le jeune sujet est soumis à une réactivation des pulsions les plus exigeantes, période qui ne trouve son équivalent en charge pulsionnelle que dans les toutes premières années de la vie de l'enfant.

Faut-il considérer ces mémorables explosions de jeune libido comme un accident historique, sans précédent et sans suite ? Freud nous a appris à repérer, dans toute pathologie, l'exagération de traits qui constituent un psychisme dit « normal » ; c'est d'ailleurs à partir de l'analyse de ces cas pathologiques qu'il a pu dégager ce qu'il en est du développement d'une personnalité normale (la « névrose ordinaire »). Les phénomènes paroxystiques que nous avons décrits ne pourraient-ils pas de la même manière nous donner une indication de ce qui est à l'œuvre chez chacun d'entre nous lorsqu'il est soumis, de façon beaucoup plus calme, au charme irrésistible d'une chanson ?

En suivant ce raisonnement, reprendre un refrain qui nous a séduit serait parcourir à rebours le long chemin qui nous a fait hommes, retrouver nos premiers attachements et surmonter de nouveau le trauma de l'entrée dans la parole : la nostalgie que le refrain retrouvé fait jaillir en nous serait, au-delà de celle du « bon vieux temps », celle des premiers moments de notre vie où, portés par la mélodie, nous avons fait notre entrée dans l'univers des mots.

XIV

T'es toute nue sous ton pull
Y'a la rue qu'est maboul...

« Avec le temps... »

L'appartement est au premier étage. Sitôt la porte ouverte il en émane un parfum mélangé de naphtaline et d'eau de toilette, cette senteur que sa mère appelle une « odeur de propre. » C'est toujours avec le même plaisir que le jeune homme, négligeant l'ascenseur, grimpe quatre à quatre les marches de l'escalier pour sonner à la porte de son ami. Chaque fois il serre sous son bras un nouveau disque à lui faire entendre, un livre à lui prêter, ou bien il a en tête un projet de sortie. Les retrouvailles sont joyeuses, la semaine leur a paru longue à tous deux avec son cortège de cours, de soirées studieuses, d'obligations familiales.

Ils en ont franchi des étapes ensemble, du guignol des Tuileries à l'Olympia, de la première colonie de vacances aux premiers flirts avec les filles du lycée (à l'époque l'appréciation la plus flatteuse de la part du garçon était « elle est bien ! » et la plus prometteuse de la part des filles « il est mignon ! »), mais aujourd'hui leur plus grand plaisir est dans la découverte : face aux librairies parisiennes, aux musées, aux théâtres et aux cinémas ils sont comme des gamins devant la vitrine d'une confiserie. L'âge venant, ils ont commencé à apprécier les grands films et à partager les émotions qu'ils procurent, à aimer les grands auteurs, et bien sûr tous les chanteurs de leur époque dont ils collectionnent les enregistrements.

Ils l'ont traversée ensemble, la tourmente des années soixante, ils se sont entraînés à la gymnastique du twist avant de partir en surprise-partie, ils ont mutuellement surveillé leur coiffure et la rectitude de leur cravate. Ensemble encore ils se sont évertués des heures durant à accorder leurs pas avec ceux, dessinés au dos de la pochette du 45 tours, de Billy Bridge dansant le « madison », ils ont écrasé les chaussures à talons aiguilles de leurs partenaires et décoiffé leurs chignons crêpés en essayant des passes compliquées sur *Rock around the clock* !

De leur séjour linguistique à Bournemouth ils ont rapporté quelques mots d'anglais, la liste des petites amies collectionnées en un mois, mais surtout une dizaine de disques, les Beatles bien sûr, mais aussi Tom Jones, Dusty Springfield, Marianne Faithfull et bien d'autres. Ils garderont longtemps le souvenir d'un concert des Rolling Stones sur la scène d'un cinéma de Brighton, l'enthousiasme bruyant de la salle, l'aspect débraillé du spectacle de ces Anglais à la mauvaise réputation, ainsi que celui des soirées où, vautrés sur le lit, ils se régalaient de « candies » en feuilletant des « comics » ! A leur retour ils arboreront fièrement les jeans de velours bronze et les vestes de treillis qui leur donnent — pensent-ils — une allure « beatnik », et ils serreront précieusement dans leur placard les shetlands aux couleurs raffinées qu'ils se sont achetés au cours de leur virée à Londres, chez Bill, Bond Street.

Le jeune homme aime bien l'appartement de son

ami parce qu'il possède un immense couloir au fond duquel se trouve la chambre, qu'ils ont appelée « la tanière ». Quand ils étaient plus jeunes, ils en tamisaient la lumière pour lui donner l'atmosphère mystérieuse qui convenait aux aventures des explorateurs. Assis en tailleur sur le lit, Bob Morane et Bill Ballantine pagayaient sur des marécages où les guettaient des animaux préhistoriques, et c'était souvent de justesse qu'ils échappaient aux griffes des prédateurs ou aux sbires de l'« Ombre jaune ».

Au fil des années, les murs se sont tapissés de livres, se sont couverts de posters ; les bandes dessinées et les jeux de société sont allés rejoindre au placard les peluches et les disques de chansons enfantines ; seules ont échappé à l'exil les aventures de Black et Mortimer et celles de Tintin qui, les années passant, n'ont rien perdu de leur attrait. La discothèque s'est enrichie des trésors rapportés d'Angleterre, et la sortie de chaque nouvel album des Beatles, acheté de confiance, est l'occasion d'un rituel délicieux : en sirotant de la liqueur de cassis et en fumant des Week-End on écoute les titres inédits en se ménageant une pose entre chacun d'eux. Dès qu'une chanson est terminée on relève le bras du pick-up et on se livre à des commentaires de spécialistes avant de se lancer à la découverte du morceau suivant : les jeunes explorateurs parcourent maintenant d'autres contrées.

La tanière est devenue une tribune littéraire, les livres en jonchent le sol, le jeune homme et son ami plongent dans Rimbaud avec éblouissement, rêvent de l'« amour fou » et déambulent dans un Paris littéraire aux côtés de Nadja, se soûlent de surréalisme, s'exaltent sur *Les derniers poèmes d'amour* d'Eluard, se noient dans les toiles de Dali. Ils ont acheté ensemble le disque doré *Jean Ferrat chante Aragon* et se repassent mille fois *Que serais-je sans toi ?,* tant il leur semble que cette musique et la voix qui l'interprète étaient contenues dès l'origine dans les poèmes du fou d'Elsa. Ils aiment aussi Catherine Sauvage, *Paris Canaille, Est-ce ainsi que les hommes vivent ?* et ce doux cinglé de Bobby Lapointe, « Au pays daga d'Aragon, il y'avait tugud'une fille... ». Lorsque Léo Ferré les fait rire avec *La vie moderne* en leur parlant des kleenex : « Tu sauras à quoi ça sert, à quoi ça sert d'avoir dix doigts... », ils se découvrent une complicité inespérée avec le chanteur auréolé d'une tignasse blanche, qui les bouleversera en chantant Baudelaire et sa *Servante au grand cœur,* les remuera au plus profond avec Rimbaud (l'inexorable crescendo des *Assis* !), les troublera enfin avec *Les poètes de sept ans* (« Elle a le bleu regard qui ment... »).

Que d'émotions nocturnes dans la chambre nimbée de la fumée des cigarettes blondes qui, pour un peu, évoquerait les narghilés des paradis artificiels ! Les deux jeunes gens sont séduits par la langue de Brassens et découvrent les mélodies subtiles qu'ils n'avaient pas saisies d'emblée tant la pudeur de leur créateur les écrasait sous son interprétation bougonne. Ils vibrent avec Brel, imitent, hilares, le borborygme ignoble des mangeurs de soupe de *Chez ces gens-là*, se poseraient volontiers avec lui sur le bord du trottoir pour pleurer la mort de *Fernand*, rient à son hennissement hypocrite dans *Les bonbons...*

Jusqu'à une heure avancée de la nuit le tourne-disque infatigable les promène dans un univers de textes et de musiques magiques, et lorsque le jeune homme épuisé rentre chez lui, traversant le pont de l'Europe dans la bruine du petit matin, il fredonne encore ces chansons qui lui ont fait saisir la main tendue de ses aînés.

Bien des années plus tard, longtemps après que son ami eut disparu, lorsqu'à l'improviste une des chansons de cette époque le surprendra, ce sont ces soirées fiévreuses qui lui reviendront à l'esprit : une chambre au cœur d'un appartement parisien, si loin du monde cependant, et le compagnon de ses jeunes années installant un disque sur le plateau de l'électrophone et lui disant, le sourire gourmand : « Écoute un peu ça, tu vas voir ! »

Avec le temps, avec le temps va, tout s'en va
Même nos plus chouettes souv'nirs
Ça t'a une de ces gueules
Dans les Galeries j'farfouille
Dans les rayons d'la mort...

Léo Ferré.

XV

Est-ce ainsi que les hommes vivent ?
Et leurs baisers au loin les suivent...

Les sanglots longs
Des violons
De l'automne
Blessent mon cœur
D'une langueur
Monotone.

Tout suffocant
Et blême, quand
Sonne l'heure,
Je me souviens
Des jours anciens
Et je pleure ;

Et je m'en vais
Au vent mauvais
Qui m'emporte
Deçà, delà,
Pareil à la
Feuille morte.

Paul Verlaine / Charles Trenet.

« De la musique avant toute chose »

Longtemps, longtemps, longtemps
Après que les poètes ont disparu
Leurs chansons courent encore dans les rues...

Les poètes de Charles Trenet sont musiciens, le « fou chantant » nous rappelle que la chanson est œuvre de poète et qu'elle garde vive la mémoire de son auteur : en cela il renoue avec une tradition qui ne date pas d'hier. En effet la poésie a de tout temps été associée à la chanson et elle le doit sans doute à ses origines musicales, aux aèdes grecs qui chantaient leurs compositions en s'accompagnant de leur lyre, mais aussi aux trouvères et aux troubadours, ces nobles poètes qui mettaient leurs vers en musique pour les promener de château en château.

Par ses couplets et ses refrains en forme de strophes, sa métrique et ses rimes de rigueur, le texte même de la chanson favorise ce rapprochement avec la poésie : peut-on dire pour autant que chanson et poésie se confondent, qu'elles ont la même fonction, même si leurs effets sur l'auditeur peuvent être comparés ? Si nous avons maintenant une idée de la place qu'occupe la chanson dans le psychisme humain, qu'en est-il de celle de la poésie ; sa définition nous permettra-t-elle de les distinguer l'une de l'autre ?

De la musique avant toute chose,
Et pour cela préfère l'Impair
Plus vague et plus soluble dans l'air,
Sans rien en lui qui pèse ou qui pose.

Il faut aussi que tu n'ailles point
Choisir tes mots sans quelque méprise :
Rien de plus cher que la chanson grise
Où l'Indécis au Précis se joint.

C'est des beaux yeux derrière des voiles,
C'est le grand jour tremblant de midi,
C'est, par un ciel d'automne attiédi,
Le bleu fouillis des claires étoiles !

[...]

De la musique encore et toujours !
Que ton vers soit la chose envolée
Qu'on sent qui fuit d'une âme en allée
Vers d'autres cieux à d'autres amours.

Que ton vers soit la bonne aventure
Éparse au vent crispé du matin
Qui va fleurant la menthe et le thym...
Et tout le reste est littérature.

C'est Verlaine, dans son *Art poétique*, qui nous donne les plus précieuses indications sur les rapports délicats de la musique et du verbe. Pour lui, sans aucun doute possible, c'est la musique qui prime sur le sens et même sur l'image : c'est la musique qui créera l'impression poétique, et les mots qui en seront l'instrument sauront jouer de l'« équivoque » chère à Lacan lorsqu'il définit l'interprétation analytique, avec toujours « quelque méprise » possible. De la musique de la phrase le sens jaillira et, de préférence au sens unique, s'ouvriront par son pouvoir magique une multitude de sens possibles ; à la grand-route de la signification seront préférés les chemins de traverse.

La limpidité et la musicalité de son style font de Verlaine celui des poètes qui est sans doute le plus proche de l'univers de la chanson : des titres, pris au hasard de sa production, sont en cela éloquents, que ce soient les *Ariettes oubliées*, *La bonne chanson* ou, mieux encore, les *Romances sans paroles*, titre étonnant qui laisserait supposer que la place y est laissée tout entière à la mélodie, aux dépens des mots.

Cet apparent paradoxe s'éclaire si nous songeons que le mot, tel que Verlaine l'emploie dans son art poétique, est en partie vidé de sa substance, de sa signification, au profit de son pouvoir sonore et musical de suggestion. Déposés au long des vers comme des notes sur une portée, les mots de Verlaine chantent, se teintent d'ombre et se réduisent à leur fantôme mélodique, ils disent l'exigence musicale du poète qui retrouve ici ce qui fait l'essentiel du pouvoir évocateur de toute poésie : sa mélodie.

Verlaine et Rimbaud ont d'ailleurs éprouvé une passion commune pour les poésies élégiaques de Marceline Desbordes-Valmore et pour les ariettes de Favart à qui les *Ariettes oubliées* rendent un direct hommage (le premier poème de ce recueil porte même en épigraphe deux vers du librettiste : « Le vent dans la plaine / Suspend son haleine »).

Si la tentation est grande de rapprocher l'art de Verlaine de la représentation du monde qui fut celle de ses contemporains, les peintres impressionnistes, il semble que pour lui trouver écho on aurait plutôt avantage à se tourner du côté de musiciens comme Ravel ou Debussy. Chez ceux-ci, qualifiés d'ailleurs également d'impressionnistes, on entendra, de façon sans doute plus proche, un souffle évocateur comparable à celui du poète.

Cette conception d'une poésie musicale, on la retrouve également chez Stéphane Mallarmé, quand celui-ci nous dit dans *Crise de vers* : « Ce n'est pas de sonorités élémentaires par les cuivres, les cordes, les bois, indéniablement, mais de l'intellectuelle parole à son apogée que doit avec plénitude et évidence résulter, en tant que l'ensemble des rapports existant dans tout, la Musique. »

Ainsi la poésie doit chanter ; art musical avant tout, elle dépouille le mot de son sens usuel au profit de son *effet de sens*, pour en exploiter toutes les résonnances, les harmoniques. En cela elle intéresse l'explorateur de l'inconscient qui s'interroge sur ce que parler veut dire, et Lacan à plusieurs reprises insistera sur le rôle qu'elle doit tenir, au même titre que le mot d'esprit, dans les interventions des psychanalystes : « Il n'y a que la poésie qui permette l'interprétation. »

Dans un article consacré à la poésie, « L'acte poétique et le nouage borroméen », la psychanalyste et poète Josée Lapeyrère s'interroge sur ce qui constitue le « forçage poétique ». Elle est conduite à insister sur la différence essentielle qui existe entre *signe* et *signi-*

fiant. Rappelons que cette distinction a été opérée par Lacan lorsqu'il a précisé qu'au contraire du signe, qui représente quelque chose pour quelqu'un de façon immuable et définitive, le signifiant, quant à lui, représente « le sujet pour un autre signifiant ». C'est dire que la signification n'est plus figée, immobile, mais peut varier au fil des associations, fluctuer et jouer de l'équivoque, suivre, avec le sujet, son chemin fantasque sur les aiguillages imprévus de l'ordre symbolique.

A partir d'un exemple simple, celui du *Pont Mirabeau*, Josée Lapeyrère nous montre comment l'acte poétique de Guillaume Apollinaire a consisté à transformer ce qui n'eût été que *signe* : « L'eau coule sous les ponts », en *signifiant* ouvrant à la métaphore, par une simple et savante inversion grammaticale : « Sous le pont Mirabeau coule la Seine. » Ce passage du signe : « L'eau coule... » au signifiant : « Sous le pont... » comporte un temps intermédiaire qui serait : « Sous le pont Mirabeau, la Seine coule », temps où l'effet poétique ne serait pas encore atteint, mais où apparaîtrait déjà le sujet de l'énonciation. En effet ce deuxième temps comporterait une tension, une question qui s'imposerait au lecteur : « Che vuoi ? Que veut nous dire celui qui parle, quelle est son intention ? » Vient alors le temps troisième, celui qui est parvenu à la postérité et qui fait, comme le dit Josée Lapeyrère, que « le pont Mirabeau ne sera plus jamais le même pour tous ceux qui ont lu le poème d'Apollinaire ».

Dès lors, ajoute-t-elle, l'effet poétique est atteint, le pont Mirabeau s'élève à la dignité de métaphore, il devient sa propre musique, et ses arches s'ouvrent sur la mélodie du poème : « Le tableau s'anime, l'eau ouvre son passage, se met à couler sous l'arche qui s'est ouverte ; il y a la ligne de l'eau recoupée par les deux côtés de l'arche qui l'enjambe ; entre les trois segments il y a un espace traversé par n'importe quoi, oiseau, nuage, passant, bateau, amoureux qui attrapent notre regard. Nous entrons dans le temps, nous faisons partie du tableau, nous devenons mortels ; et notre regard va se détachant dans l'écoute sonore et rythmique du poème qui ouvre à ce que Ponge appelle "le-regard-tel-qu'on-le-parle", à ce que Lacan appelle la "signification vide". »

C'est ainsi que la musique du poème, « sonore et rythmique », soumettra les autres sens à sa loi : dans *Le pont Mirabeau* il s'agira de la vue, ailleurs il pourra s'agir de l'odorat, ou du toucher.

« Dieu nous donne le premier vers, à nous de faire que le second en soit digne ! » Josée Lapeyrère s'interroge elle aussi sur ce qui inaugure l'acte poétique et en cherche l'explication du côté du trait distinctif. Qu'il soit doigt divin ou fruit d'une rencontre opportune, le trait qui fait coupure est prélevé au hasard comme le « premier venu », et elle cite à ce propos Lacan : « ... il suffit que bouge dans le champ de l'Autre quoi que ce soit qui tienne le rôle de point de support pour le sujet... » Empruntée au trait identificatoire freudien, nous retrouvons là la définition du « trait unaire » lacanien, ce trait prélevé sur l'autre que nous repérions déjà à l'œuvre dans le phénomène de l'identification à la chanson de l'idole, au cours de ces transes collectives qui ont marqué les années soixante, phénomène que nous avons reconnu, et étendu, à toute écoute de chanson.

Se laisser guider par la force des mots sans pour

autant la subir, voilà qui pourrait être la devise du poète. L'acte poétique intéresserait donc tout particulièrement le parlêtre dans son rapport à l'ordre symbolique, et sa fonction psychique serait une reprise de possession, par le sujet, des effets aliénants du langage, un retournement semblable à celui du mot d'esprit, jeu avec les mots où la surprise semble devenir maîtrise. Par son acte, par le choix des termes qui transforme le vil métal du signe en l'or du signifiant, le poète, dupe comme chacun des effets du langage, affirme cependant son pouvoir sur « lalangue » : plus il s'en joue et moins il en est le jouet. Celle-ci devient de ce fait, mélodieuse et harmonique, l'instrument dont il va jouer avec virtuosité.

Prométhée offrant le feu aux humains, le poète se fait l'égal des dieux : en l'occurrence il accède par le polissage des mots, cent fois remis à l'ouvrage, à un semblant de maîtrise de l'ordre symbolique. Certains l'ont fait dans l'harmonie et l'artisanat tranquille des mots, d'autres, plus radicaux dans leur démarche, ont payé le prix de cette audace par une catastrophe intime, telle celle qui vit Arthur Rimbaud se consumer en Abyssinie.

Nous avons donc affaire, avec la poésie, au plus sophistiqué des moyens que l'homme ait mis à sa disposition pour triompher des ruses de la parole. En cela cet art s'éloigne — en apparence — de la chanson dont nous avons pu voir l'aspect originaire, voire archaïque, à l'œuvre dans ce qui fut l'introduction de l'enfant à l'univers de la parole.

La chanson procède en effet différemment du poème, elle ne fait pas subir à ses textes le même traitement. Détachées de la mélodie qui les porte, les paroles d'une chanson nous paraissent souvent bien pauvres et nous constatons, à l'inverse, que des prétentions poétiques, des tournures de phrase visant à déposséder le mot de sa substance, loin de rendre aérienne la ritournelle, tendraient plutôt à l'alourdir. Une chanson réussie s'appuie la plupart du temps sur un texte simple, « des mots de tous les jours, qui nous font quelque chose » et il nous suffira de repenser à de grands succès comme *La vie en rose* ou *Comme d'habitude* pour constater que c'est au pouvoir d'évocation de la mélodie que des formules courantes ont dû d'être élevées à la dignité d'expressions poétiques.

Une image qui pourrait nous permettre d'illustrer plus précisément le rapport indissociable de la musique et du texte dans la chanson serait celle de la bande de Moebius. Rappelons que cette figure topologique, introduite par Lacan dans la théorie psychanalytique, est le résultat de la torsion d'une bande dont on colle ensuite bord à bord les deux extrémités. La surface ainsi obtenue a ceci de particulier qu'en dépit des apparences elle possède une seule face et un seul bord : la fourmi voyageuse qui la parcourrait passerait ainsi d'une face à l'autre de la bande, à l'infini et sans discontinuité ! Lacan a utilisé cette figure pour illustrer de manière frappante l'inscription de l'inconscient dans le discours conscient, le surgissement de celui-là toujours possible en n'importe quel point de celui-ci.

Amusons-nous à imaginer, en ce qui concerne la chanson, que le texte soit écrit sur une face de la bande, avant torsion et collage, la musique étant déposée sur l'autre face : la bande de Moebius une fois réalisée, le passage de la mélodie aux paroles serait sans solution de continuité, conforme à ce que nous ressentons à l'écoute d'une chanson réussie où la mélodie semble avoir toujours été contenue dans le texte, et inversement.

Irrésistiblement, quand nous vient aux lèvres une formule qui fut l'objet d'une chanson à succès, les mots chantent, appellent le refrain qui les accompagne et non moins irrésistiblement la mélodie évoque les paroles qui lui sont associées (peut-on aujourd'hui dire : « Comme d'habitude » sans le chanter ?).

Seuls de très grands poètes de la chanson, comme Georges Brassens ou Léo Ferré, pour ne citer qu'eux, ont pu produire des textes qui, dépossédés de leur mélodie, peuvent encore prétendre à un statut poétique. Ce qui ne nous empêche pas d'imaginer que les mélodies de ces auteurs, dans leur limpide évidence, ont toujours été contenues dans les textes qu'ils nous proposent. Pour la plupart des autres chansons il serait inconcevable de séparer le texte de la musique qui l'accompagne, tant celle-ci éclabousse les mots de son aura poétique.

A la lumière de ces hypothèses, hasardons-nous maintenant à imaginer une boucle qui figurerait le chemin parcouru depuis le plus originaire jusqu'au plus élaboré des moyens d'expression, puis son retour. In utero la parole est perçue par le fœtus, nous l'avons vu, comme une mélodie : les mots qui lui sont adressés se réduisent à leurs sonorités, se développent sur le schéma d'une phrase musicale. Dans un deuxième temps, celui qui suit la naissance, les paroles à lui adressées se déposent pour l'enfant sur une portée. Instinctivement les parents chantent leur message d'amour, et les premiers apprentissages verbaux se font sur le même mode. Nous trouvons là le modèle de toute chanson à venir, ronde enfantine ou chanson d'auteur.

Un peu plus tard se développe la parole autonome, sans support musical, affranchie de cet indispensable instrument, et plus tard encore c'est la poésie qui est proposée à l'enfant, puis à l'adulte qu'il deviendra, dans l'évolution normale de son initiation aux ressources illimitées du langage. Cette dernière forme, la plus subtile, pourrait dans cette optique être définie comme une chanson qui aurait « avalé » sa musique, laissant aux mots eux-mêmes le soin de produire l'effet d'harmonie, une mélodie qui émanerait des jeux signifiants.

La boucle est ainsi bouclée, la forme la plus élaborée d'expression langagière, la poésie, retrouvant les caractéristiques de la plus primitive, l'intra-utérine, celle où l'enfant à naître percevait, réduits à leur ligne mélodique, les messages qui lui parvenaient du monde extérieur.

XVI

Père Dupanloup monte en ballon...

Je fais très rar'ment des folies
Mais quand j'en fais, ah ! Nom de nom !
Je dépass' tout' les fantaisies :
J'suis plus une fill', j'suis un garçon :
A moi l'plaisir, la rigolade,
J'm'en fais craquer l'corset d'aplomb.
Car y a pas, moi, faut que j'cascade,
Quand j'ai bu du Moët et Chandon.

Je suis pocharde
J'dis des bêtises,
J'suis grise.
Mais quoi, ça me regarde,
Qu'est c'que vous voulez que j'vous dise ?
Je suis grise.

J'dis aux gens qui m'reprochent la chose,
Remisez donc vos airs de deuil,
Car c'est l'champagn' qu'en est la cause,
Quand j'ai quequ'fois Mariann' dans l'œil,
Et puis j'trouv' que c'est toujours bête
De vouloir cacher son pompon,
C'est pas un crim' que d'êtr' pompette
Et d'aimer le Moët et Chandon.

Y. Guilbert / L. Byrec.
Répertoire d'Yvette Guilbert.

Le pou et l'araignée

Nous savons que l'une des caractéristiques de l'homme est de retrouver dans ses moments d'angoisse des comportements qu'il avait abandonnés depuis le plus jeune âge, crises de larmes proches de celles du petit enfant, position recroquevillée évoquant celle du fœtus ou bien encore appel désespéré à une mère disparue. C'est ainsi : l'homme n'oublie jamais ce qu'il a été, ce qu'il a aimé, et l'édifice fragile qu'il s'est construit depuis sa conception peut facilement basculer et laisser un adulte réfléchi renouer avec des attitudes et des modes de défense typiques des premières années de sa vie, lorsque les tensions qu'il doit affronter dépassent ses capacités de résistance.

La chanson, qui fut la compagne de l'enfant lors de ses toutes premières rencontres avec le monde, qui lui servit de guide, d'objet transitionnel[1] face au langage,

1. La notion d'objet transitionnel a été introduite par le psychanalyste D.-W. Winnicott. Il s'agit pour celui-ci du premier objet matériel auquel s'attache le nourrisson, objet qui possède la particularité d'être considéré par ce dernier comme ne faisant partie ni du monde extérieur ni de son corps propre. Cet objet, le traditionnel ours en peluche, une couverture ou un bout de linge, peut

mais aussi d'objet contra-phobique[1], au sens où elle lui permit de surmonter ses peurs, peut encore remplir ses bons offices lorsque, devenu adulte, il rencontre l'angoisse. La ritournelle fredonnée d'une voix chevrotante quand il traversait le bois chargé de menaces ou quand il descendait à la cave où l'attendaient des créatures terrifiantes, la chansonnette qui lui venait aux lèvres dans les moments difficiles de sa vie d'enfant peuvent reprendre du service pour l'adulte qu'il est devenu, confronté avec l'impossible, la castration ou la mort.

Dans ces moments cruciaux l'homme a souvent besoin de la compagnie des autres : chanter seul comme il le faisait, enfant, pour se rassurer, ne lui suffit plus. Nous avons montré au chapitre XIII comment les hommes, réunis en foules enthousiastes, communiaient dans l'amour de la mère patrie ou célébraient le Père éternel.

---

aussi bien consister en une parole ou une mélodie. Il crée une aire intermédiaire qui se situe entre le rêve et la réalité, mais également entre la mère et l'enfant, entre celui-ci et l'univers extérieur. Il inaugurera la relation de l'enfant avec ce qui l'entoure, mais sera utilisé aussi comme moyen de défense contre l'angoisse, particulièrement au moment de l'endormissement.

1. La phobie est cette peur panique qui saisit un sujet dans une situation particulière géographique, espace clos ou surpeuplé, ou dans la rencontre avec un objet ou un animal spécifique. Le seul recours qui existe alors pour le sujet atteint de cette affection est l'évitement ou la fuite (ou la cure psychanalytique !). Parfois cependant, l'élection d'un objet privilégié lui permet de surmonter, au moins partiellement, la panique que suscite la situation phobogène. Cet objet, appelé « contra-phobique », peut, comme l'objet transitionnel, être un objet matériel et remplir ainsi la fonction d'une amulette ou d'un gri-gri, mais peut aussi consister en une phrase, un geste ou une mélodie fredonnée au moment de la rencontre avec le « signal d'angoisse ».

Chantons en chœur, pensons-nous, et nous ne ferons qu'un : des milliers de gorges vibrantes se retrouveront dans l'illusion d'une unité parfaite, l'espace d'un instant. Chantons en chœur, et nous franchirons ensemble les étapes essentielles de la vie, nous apprendrons l'alphabet, les chiffres et les vertus civiques, nous conjurerons nos peurs, nous exprimerons nos joies, nous explorerons nos corps, nous nous confronterons à la mort et à la différence des sexes. C'est ensemble encore et en chantant que nous rirons de nos fonctions d'excrétion, du « petit robinet » et de la « tirelire », de l'angoisse de castration, de nos particularités sexuelles, des mystères de la procréation, du sens de la vie et des non-sens du langage.

Le pouvoir du chant est cependant tel qu'il peut aller jusqu'à faire surmonter à l'homme ses pulsions d'autoconservation et envoyer à la mort des troupes galvanisées, entonnant d'une même voix des hymnes guerriers aux vertus hypnotiques. Les grandes cérémonies théâtrales du troisième Reich, terrifiantes de beauté, ont ainsi résonné de chants exaltant les vertus du Führer, la grandeur de l'Allemagne nazie et la pureté de la race.

La chanson, quand elle prend la forme d'un hymne, recèle donc une face d'ombre : son pouvoir séducteur peut être vénéneux, et sur un mode plus léger souvenons-nous du serpent Kaa fascinant le jeune Mowgli pour en faire sa proie, dans le dessin animé de Walt Disney tiré du *Livre de la jungle,* ses yeux ondoyant au rythme d'une mélodie hypnotique : « Aie confiance... »

Le « sirop », terme utilisé pour définir une mélodie par trop douceâtre, ne porte pas si mal son nom : l'expression chantée, si elle peut parfois mener au pire, est le plus souvent une médication contre l'angoisse, l'onguent qui permet de franchir moins douloureusement les étapes essentielles de la vie, l'excipient sucré qui rend moins amer le trauma. Après avoir facilité à l'enfant l'entrée dans le langage, la chanson continuera d'assurer son rôle auprès de l'adulte, lui permettant l'abord en douceur des sujets les plus critiques, rejoignant en cela la fonction du mot d'esprit ou de l'humour telle qu'elle fut définie par Freud, celle d'ouvrir la voie à la vérité du désir ou d'assouplir (voire d'assoupir) la vigilance du Surmoi, cette instance critique qui ne laisse rien passer !

Comment expliquer autrement qu'un mode d'expression artistique si largement répandu puisse, sans encourir les foudres de la censure, traiter librement de sujets ordinairement passés sous silence, réservés aux rayons spécialisés ou à l'« enfer » des bibliothèques ?

Pensons en effet que c'est en chanson, et pour le plus large public, que sont abordés, de nos jours, des sujets aussi problématiques que l'homosexualité (*Un homo, comme ils disent* par Charles Aznavour), la masturbation (*La folle complainte* par Charles Trenet), l'inceste (*Inceste de citron* par Serge Gainsbourg), le désir sexuel (*I want your sex* par Georges Michael), l'érection (*Fernande* par Georges Brassens), la sodomie (*Je t'aime, moi non plus* par Serge Gainsbourg ou *Pourvu qu'elle soit douce* par Mylène Farmer), le cancer et la mort (*Marcia Baïla* par les Rita Mitsouko), l'organe mâle (*Le zizi* par Pierre Perret). Loin de faire scandale, ces sujets mis en chansons et diffusés très largement ont été de grands succès repris en chœur, toutes générations mélangées !

C'est un phénomène que l'on peut comparer à celui qui se produisait dans le Paris de l'Exposition universelle lorsque le jeune Freud écoutait Yvette Guilbert à l'Eldorado chanter l'alcoolisme, le ménage à trois, l'adultère triomphant ou la danse macabre des fœtus ! Sans doute Freud avait-il pressenti, en écoutant chanter cette jeune personne si particulière, que la chanson était un genre permettant d'exprimer, avec une grande économie d'angoisse et un gain appréciable de plaisir, des vérités destinées immanquablement à être refoulées sous l'effet de la censure. (Souvenons-nous, de plus, que Freud et son amie Yvette Guilbert partageaient une même conception du transfert, comme en témoigne la préface du livre de la chanteuse, *Mes lettres d'amour* !)

Un autre aspect typique d'Yvette Guilbert aura sans doute concouru à l'impact qu'elle eut sur Freud : la « diseuse fin de siècle », par son physique, tranchait radicalement sur la silhouette féminine en vogue à l'époque. Loin des formes amples et de la santé rubiconde de rigueur chez les chanteuses de café-concert, elle affichait au contraire une minceur extrême et s'était composé une apparence que les témoins d'alors ont qualifiée de « macabre », impression qu'elle devait à ses longs gants noirs et à son maquillage blafard. Que l'on imagine l'opposition entre le répertoire leste de cette interprète et l'atmosphère morbide qu'elle créait par sa présence physique, et l'on comprendra mieux l'intérêt qu'inspira à Freud ce mélange détonnant de sexe et de mort ! L'amitié que nouèrent ces êtres d'exception recèle peut-être d'ailleurs un nouvel aspect symbolique, si l'on pense qu'elle se développa dans la fin de leur vie à tous deux, au moment où Freud se savait menacé par la maladie et où Yvette elle-même brillait de ses derniers feux.

Sans doute Yvette Guilbert, incarnation de la chanson leste et de la chanson traditionnelle française, était-elle parvenue, par un contraste saisissant entre santé gaillarde et apparence morbide, à illustrer l'essence de cette expression musicale : une lutte efficace contre l'angoisse, la domination momentanée des pulsions de mort par les pulsions libidinales, l'inéluctable qui se pare d'harmonies joyeuses.

Il semble bien qu'il en soit ainsi pour toute chanson, et la plus légère elle-même, celle dont la fonction nous paraît la plus évidente et la plus apte à accompagner des réjouissances, n'échapperait pas à cette règle.

Les chansons à boire, pour citer un genre qui nous semble le plus naturellement porté à glorifier la joie de vivre et de festoyer, portent en effet une part d'ombre, tapie sous leurs accents joyeux. Entonnées en chœur à la clôture des banquets, ces chansons que l'on pourrait croire simplement destinées à accompagner les libations des convives portent toujours en elles quelque allusion à notre destinée mortelle :

Au compte de Barrême
Je n'aurai rien perdu :
Je suis venu tout nu,
Je m'en irai de même.

Providence divine,
Qui veille sur nos jours,
Conserve nous toujours
La cave et la cuisine.

Commençons la semaine.

A cinquante ans j'ai vidé cent bouteilles
Avec mes parents ainsi que mes amis,

Sans oublier les enfants de la treille,
Sans oublier les enfants Sans-Soucis.

A soixante ans sur le bord de la fosse,
J'ai bien vécu, j'ai bien passé mon temps ;
Après ma mort qu'on me mène en carrosse :
Durant ma vie je n'en ai pas eu le temps.

Sans-Soucis.

J'en ai tant bu de ce bon vin nouveau,
Qu'il m'a troublé l'esprit du cerveau ;
Avant que je meure,
Servez-moi sur l'heure
De ce bon vin clair
Qui brille dans mon verre
Et qui fait chanter tous les amants sur terre.

Amis, buvons.

Sur ma tombe, je veux qu'on inscrive
« Ici-gît le roi des buveurs. »

La morale de cette histoire
Il faut boire avant de mourir.

Chevaliers de la Table ronde.

Comme on peut le voir, les chansons à boire n'ont pas pour unique fonction la revendication d'une fraternité dans l'ébriété : la mort y est présente au détour d'un couplet, elle préside au banquet de cette philosophie jouisseuse qui s'étourdit pour en oublier l'échéance.

C'est cet aspect particulier de la chanson qui est également à l'œuvre lorsque des foules enthousiastes reprennent des refrains en chœur : l'angoisse du néant ou les nécessités de l'oubli de soi-même sont génératrices d'hymnes religieux ou militaires.

En dehors de l'Église ou de l'armée, chaque corps de métier possède son folklore particulier dont la première visée n'est pas forcément la lutte contre l'angoisse : soudant entre eux les membres d'une même corporation, les chansons transmises de maître à apprenti exaltent la profession, le geste ou l'outil, témoignent de l'esprit de corps.

Mais il est une catégorie professionnelle qui a généré un répertoire chansonnier original : le corps médical. Il est en effet spécifique aux étudiants en médecine d'avoir rassemblé une collection de chansons, le *Bréviaire du carabin*, où il n'est nullement question du geste du praticien ni de la grandeur du serment d'Hippocrate : les chansons dites de « salle de garde », qui se transmettent de génération en génération, parlent uniquement et crûment du sexe. Voilà qui ne peut manquer de nous poser question si l'on pense que cette profession, plus que toute autre, est confrontée au spectacle de la souffrance et de la mort.

Comme on le sait, chaque étudiant en médecine doit faire face, dès ses premières années de faculté, au spectacle de la mort : l'entrée en salle de dissection fait en cela figure d'épreuve initiatique. On connaît également le mal classique du futur médecin qui, lisant les énumérations de symptômes spécifiques à chaque maladie, s'en voit immanquablement atteint : l'angoisse hypocondriaque est quasiment pour lui un passage obligé. C'est ce même étudiant qui chantera, dans ses moments de détente, un répertoire débridé où domine la dimension sexuelle et, par là même, la mise à distance de la mort.

Les murs d'une salle de garde transformée en « caf' conc' », ornés de fresques indécentes où souvent, comme dans les « vanités » du Siècle des lumières, se cache un crâne ricanant, résonnent de ce nouveau « folklore obscène ».

Et l'on entend, sous les ormeaux,
Battre la merde à coups d'marteau,
Et l'on entend, sous les plumards,
Battre le foutre à coups d'braqu'mart.

Non ! non ! non ! non !
Saint Éloi n'est pas mort,
Car il bande encor !

Non ! non ! non ! non !
Saint Éloi n'est pas mort,
Car il bande encor !

Le pou et l'araignée, un classique du genre, est la chanson qui porte dans son refrain la réponse la plus directe à la question que nous posions plus haut : la vigoureuse dénégation de la mort (« Non, non, non ! ») s'y appuie sur la vigueur phallique et libidinale de saint Éloi (« Il bande encor ») !

Mais une particularité de ce répertoire est à noter : lorsque la chanson de carabin choisit pour thème sa propre spécialité, que ce soit la maladie, l'hôpital ou les soins, la proximité de son sujet semble alors lui rendre plus ardue la joyeuse dénégation, et c'est dans ce cas le spectre de la vieillesse ou de l'impuissance qui surgit crûment :

Quand la vieilless' triste et caduque
Vous foutra son pied sur la nuque,
Quand votre vit à jamais désossé
Sur vos roustons pendra flasque et glacé,
Au même instant crachez au nom du traître !
Répétez-lui ce refrain de Bicêtre !...

On ne peut pas bander toujours,
Il faut jouir de ses roupettes !
On ne peut pas bander toujours,
Il faut jouir de ses amours !

La chanson de Bicêtre.

Celui de la déchéance physique :

De l'hôpital vieille pratique
Ma maîtresse est une putain
Dont le vagin syphilitique
A vérolé l'Quartier latin....

Tandis qu'avec le bichlorure
Elle me fait des injections,
Avec l'axonge et le mercure,
Moi je lui fais des frictions.

Délassement de l'innocence,
Je regarde chaque matin
Si quelque nouvelle excroissance
Ne vient pas orner son vagin,
Tandis qu'avec un œil timide
Elle jette un timid' regard
Sur mon corps que les syphilides
Ont taché comme un léopard.

Chanson de Lourcine.

Ou bien encore, sans équivoque, celui de la castration :

De bon matin, Pierre se lève,
S'en va t'à l'hôpital Broca,
La faridondaine,
S'en va t'à l'hôpital Broca,
La faridonda.
....
Monsieur l'curé, votre servante
M'a foutu la castapiana,
La faridondaine,
M'a foutu la castapiana,
La faridonda.
....
Pour te guérir, mon pauvre Pierre,
On va te la couper à ras,
La faridondaine,
On va te la couper à ras,
La faridonda.

Broca.

Deux grands thèmes donc sont abordés dans le répertoire de la chanson de carabin, le premier, purement sexuel, en apparence éloigné du souci thérapeutique et où se déchaîne un vocabulaire érotique libéré de toute censure, le second plus proche des préoccupations quotidiennes de la pratique médicale, où, à l'image du retour du refoulé, viennent se mêler aux représentations sexuelles celles, censées être réprimées, de la mort et de la castration.

Mais, et c'est là une fois encore le mérite de la chanson, les sujets les plus angoissants, chantés en chœur dans l'atmosphère conviviale de la salle de garde, perdent une partie de leur caractère scabreux ou terrifiant pour ne laisser apparaître qu'un joyeux chahut mené par des jeunes gens libérés un instant de leurs soucis professionnels et poussés vers une jouissance immédiate.

Sous les fresques paillardes qui éclaboussent les murs de la salle de garde, peuplées de phallus ailés et de satyres en rut, l'ombre de la « diseuse fin de siècle », cette incarnation de la mort qui chantait si joyeusement le sexe, pourrait bien encore planer. Au milieu de ces assemblées de carabins entonnant leurs refrains gaillards, promenant son visage fantomatique et sa maigre silhouette gantée de noir, elle interprèterait alors, comme au temps de sa gloire, *L'Éros vanné,* la *Partie carrée*, ou mieux encore, son ironique dernière complainte :

Un corbillard va trottinant,
Cahin, caha,
Hue dia, hop là !

Un jour la gentill' Rose
Ayant mal au mollet,
Demanda quelque chose
Au méd'cin d'Bagnolet
L'docteur lui dit : « Ma chère,
Je sais ce qu'il vous faut,
Je m'en vais vous fair' faire
Un petit rigollot. »

Un' demi-heure ensuite
Vient l'garçon pharmacien,
Qui dit à la petite :
« Ça va vous faire du bien,
Faites-moi voir la place
Où qu'y a du bobo,
Afin qu'douc'ment j'y place
Un petit rigollot. »

Rose fait voir sa jambe
Son mollet fait au tour ;
Du garçon l'regard flambe
Et, d'un air plein d'amour,
Ouvrant une larg' prunelle,
En voyant ce tableau,
Il lui dit : « Mademoiselle,
Ah ! Qu'c'est donc rigolo ! »

« Donnez votre remède »,
Dit Rose sur-le-champ,
Et le garçon procède
A la chose adroit'ment :
Mais Rose alors s'écrie,
Rouge comme un coqu'licot :

« Non, retirez, je vous prie,
Le petit rigollot ! »

Retenant son haleine :
« Ah ! Fait l'garçon tremblant,
Mam'zell, pour que ça prenne,
Faut l'garder un instant.
— En ce cas, dit la p'tite,
Laissez-le l'temps qu'il faut
Pour qu'il me guérisse tout d'suite,
Le petit rigollot. »

L. Delormel / F. Vargues, *Le mollet de Rose*.
Répertoire d'Yvette Guilbert.

XVII

Plus ne suis ce que j'ai été,
et plus ne saurais jamais l'être...

Mais il est bien court le temps des cerises
Où l'on s'en va deux cueillir en rêvant
Des pendants d'oreille,
Cerises d'amour aux robes pareilles
Tombant sous la feuille en gouttes de sang.
Mais il est bien court le temps des cerises
Pendants de corail qu'on cueille en rêvant...

Jean-Baptiste Clément, *Le temps des cerises*.

Le temps logique

Ne vous déplaise,
En dansant la Javanaise
Nous nous aimions,
Le temps d'une chanson...

Le temps d'une chanson, Serge Gainsbourg, comme tous les grands auteurs, a mis le temps en chanson : Aznavour s'y est essayé (« Le temps, le temps, le temps et rien d'autre... »), Trenet (« Longtemps, longtemps... »), Ferré bien sûr (« Avec le temps... »), pour ne citer qu'eux, car, on le sait, le temps et ce qui lui fait cortège, passé, souvenirs, nostalgie, est, avec l'amour, le sujet de prédilection des auteurs de chansons.

Mais le temps d'une chanson, cette parenthèse de quelques minutes sur l'intemporel, se réduit-il vraiment à ces quelques minutes de bonheur absolu, n'est-il pas au contraire une minuscule fenêtre ouverte sur l'éternité, une machine à voyager dans le souvenir ? Nous avons vu plus haut que cet aspect paradoxal, la chanson le partageait avec le cliché photographique et qu'en ce sens l'enjeu temporel de la chanson rejoignait celui de la photographie : conserver en un instant, et pour toujours, ce qui est destiné à disparaître.

Chaque œuvre musicale a sa durée type, qu'il s'agisse de la symphonie (avec quelques exceptions, comme les symphonies-fleuves de Mahler), du concerto, ou de l'opéra (l'exception se situant cette fois du côté de Wagner, ou du Rossini de *Guillaume Tell*). La chanson elle-même ne faillit pas à cette règle (confirmée cette fois par l'exception Bob Dylan, dont certains des titres dépassent les dix minutes) en limitant sa durée à quelque deux minutes et demie.

On peut penser que l'aspect formel d'une œuvre, ou la nature du texte qui lui fournit sa matière, ont une influence sur sa durée : les mouvements de la symphonie ou du concerto, limités à trois ou quatre, alternant allegro, andante et adagio, ou bien encore la structure de l'opéra, calquée sur celle d'une représentation théâtrale, avec ses actes et ses scènes. La brièveté de la chanson s'expliquerait alors par le texte sur lequel elle s'appuie, et sa durée serait proche de celle de la déclamation d'un poème.

Mais la question semble plus complexe et, même si l'on sent intuitivement que le temps restreint d'une chanson suffit à nous satisfaire (on ne désire pas que la chanson que l'on aime dure davantage : on désire la ré-écouter), elle mérite cependant que nous nous y arrêtions.

Ce que nous avons pu dire du paradoxe que constitue la chanson, une brève durée ouvrant sur un temps quasi infini, est remarquablement illustré par un phénomène datant des années soixante, apparu avec les chansons pour « jeunes », le « shuntage ». Cette astuce technique, qui consiste à remplacer l'accord final d'une chanson par la diminution progressive du volume sonore pendant que le refrain est répété en boucle, s'est rapidement étendue à bien d'autres productions discographiques. Cet artifice vient très précisément renforcer le paradoxe décrit plus haut dans la mesure où la chanson, au moment même où elle se tait, nous signifie par ce procédé qu'en fait elle ne se terminera jamais, qu'elle poursuivra indéfiniment son chemin, en dehors de notre écoute, déroulant sans fin, sur une « autre scène », le ruban de sa mélodie. Sur cet infini ruban une découpe temporelle a été effectuée, quelques minutes ont été prélevées qui suffisent à notre jouissance, mais nous savons, au moment où s'éloigne la chanson, dans un espace comparable aux limbes, que le silence auquel elle a laissé place n'est en aucune façon un point final.

La question de la durée ne se pose certes pas uniquement dans le domaine de la chanson, elle intéresse aussi la psychanalyse : ce ruban de paroles qui se déroule apparemment sans fin à chaque fois qu'un analysant s'allonge sur le divan, mettant sa parole à l'épreuve de l'association libre, quelle intervention doit y mettre un terme et définir ainsi le temps d'une séance ? Est-ce à la mécanique de l'horloge d'en décider ou bien l'analyste doit-il, dans la logique du discours qui se développe devant lui, intervenir à un moment donné pour proposer une coupure signifiante ? Cette question, d'une importance théorique certaine, a été à l'origine d'une crise historique dans l'univers de la psychanalyse, qui s'est développée autour de la pratique de Lacan.

La technique lacanienne de travail sur l'inconscient

s'est en effet appuyée sur une théorie qui implique le concept de « séance courte », ou « séance à temps variable », point névralgique qui a valu à son auteur une véritable excommunication de la part de ses collègues de l'Association internationale de psychanalyse. Ceux-ci restaient en effet attachés à une durée de séance de quarante-cinq minutes, qu'ils revendiquaient comme un héritage de la pratique de Freud[1].

Avec le temps, le débat sur la durée de la séance, qui fait maintenant partie de l'histoire de la psychanalyse, donne la tentation de sourire : Freud nous a confié que le temps qu'il consacrait à écouter chacun de ses patients ne lui était pas dicté par des impératifs théoriques mais par une nécessité intime. Sa passion pour le tabac lui avait fait porter son choix sur la fleur de la production autrichienne de l'époque : des cigares Trabuccos, qu'il fumait avec délectation et qui augmentaient selon lui ses capacités analytiques tant leurs volutes parfumées le mettaient en condition idéale pour pratiquer l'écoute flottante. La durée moyenne de consommation de l'un de ces cigares était d'une cinquantaine de minutes, temps de jouissance du maître qui fixa pour une certaine postérité la durée impérative de la séance psychanalytique !

Lacan, fumeur non moins impénitent, avait quant à lui jeté son dévolu sur des cigarillos, les Punch Cule-

1. Souhaitant écarter de l'enseignement de la psychanalyse les avancées théoriques de Lacan qui leur paraissaient menaçantes, les analystes de la seconde génération, invoquant la tradition instaurée par Freud, ont en effet saisi le prétexte de la pratique de Lacan pour le sommer vigoureusement de renoncer à ses séances précipitées, arguant qu'aucun travail psychanalytique digne de ce nom ne pouvait s'effectuer en un temps si court.

bras, de chez Davidoff, coudés de surcroît, qui se consumaient nettement plus rapidement que ceux du père de la psychanalyse : faut-il voir là la justification de la séance courte, qui fit couler tant d'encre et naître tant de déchirements ?

Le souci quasi obsessionnel de la forme nourrissant les attaques des analystes de l'IPA (International Psychoanalytic Association) contre Lacan, avait fait oublier à ces derniers que la scansion [1] et la précipitation temporelle qui provoquaient le raccourcissement de la séance n'étaient pas les effets du caprice d'un analyste amateur de scandale, mais se trouvaient au contraire solidement soutenus par une élaboration théorique, particulièrement développée dans un texte datant de 1945 et intitulé *Le temps logique et l'assertion de certitude anticipée*.

Dans ce texte, une énigme logique servit à Lacan de support : le problème des trois prisonniers qui doivent deviner la couleur du disque que le directeur de la prison leur a fixé au dos [2]. Le premier et le seul, qui dans l'instant exquis de la compréhension, franchira la porte en donnant la bonne réponse, argumentée logiquement,

1. Ponctuation effectuée par le psychanalyste dans le discours de l'analysant et produisant pour ce dernier un effet de suspens, voire d'équivoque, à valeur interprétative.

2. Le directeur montre aux trois prisonniers trois disques noirs et deux disques blancs. A leur insu il se débarrasse des deux disques blancs et place dans le dos de chacun d'entre eux un disque noir. Par quel raisonnement l'un des trois (le plus rapide, puisqu'ils sont supposés d'intelligence égale) va-t-il deviner la couleur du disque qu'il porte ? Comment, en une fraction de seconde décisive, va-t-il anticiper sur le raisonnement des deux autres et trouver ainsi le chemin de la liberté ?

sera récompensé par l'octroi de la liberté. Lacan fait de ce jeu le pivot de sa description d'un temps subjectif et s'en sert à plusieurs reprises pour définir l'expérience et la technique psychanalytiques.

La rencontre de cette logique avec une théorie de l'inconscient structuré comme un discours a mené tout naturellement Lacan au maniement de la ponctuation et de la suspension, au service de l'interprétation, ménageant ainsi « l'instant du regard », le « temps pour comprendre » et hâtant le « moment de conclure » qui — le texte sur le « temps logique » le démontre avec éclat — ne peut, selon lui, se concevoir en dehors de la précipitation [1].

La chanson, pour en revenir à elle, ne vit que si elle est chantée : elle doit donc entièrement son existence à l'interprétation. Sa mélodie et son texte nous parvien-

---

1. L'interprétation analytique lacanienne se dégageait ainsi de la dimension imaginaire qui imprégnait une certaine technique post-freudienne, où l'analyste rapportait systématiquement au transfert toute assertion de son patient, censée viser à travers lui les figures de son passé.

Lacan a introduit dans la logique de sa conception théorique une écoute de l'inconscient à la lettre qui implique que l'attention soit portée par l'analyste sur la séquence acoustique elle-même, qui recèle des effets de sens se produisant à l'insu de l'analysant : la chaîne signifiante, découpée par l'interprétation, par la scansion, ou par la levée de la séance (qui ont elles-mêmes valeur interprétative), peut alors s'éclairer tout à fait différemment et laisser apparaître un aspect du désir du sujet par lui-même ignoré. Sonnant différemment, jouant de la polysémie, les signifiants autrement organisés par l'intervention de l'analyste font sens dans la surprise et permettent l'expression d'une vérité qui gisait, inaperçue, dans le discours courant.

nent par l'intermédiaire d'un chanteur et, du fait qu'elle n'est exprimée que par la voix, la chanson se prête tout particulièrement à l'équivoque. Nous avons tous, enfants, entendu une version personnelle des textes qui nous ont bercés : modifiant des mots, substituant une syllabe à une autre, accolant la fin d'un mot au début du suivant, nous avons utilisé le répertoire enfantin, ou même celui de nos aînés, dans le sens de notre désir, en introduisant des scansions dans le cours mélodique de la chanson, scansions génératrices de nouvelles images. En ce sens nous en avons été doublement les interprètes (au sens artistique comme au sens analytique) et c'est ainsi, essentiellement grâce à la chanson, que notre jeune âge s'est vu confronté à l'autonomie du signifiant par rapport au signifié.

Devenus adultes, lorsque nous avons découvert dans des recueils le texte imprimé des œuvres qui ont accompagné notre enfance, nous avons souvent été surpris par le sens de ces chansons, que l'écriture fixait enfin. Nous nous sommes alors aperçus que nous en avions considérablement infléchi la signification, parfois dans le sens d'un adoucissement, d'un jeu gratuit avec les signifiants, parfois au contraire dans le sens d'une expression sexuelle, d'un trait cruel ou d'une perversion à peine déguisée.

Le temps d'une chanson, comme nous l'avons vu, souligné par le shuntage, est lui-même scansion dans un flux ininterrompu. C'est cette parenthèse temporelle, facilitante au niveau de l'expression, qui permet le travail d'interprétation de l'enfant à l'écoute d'une chanson. Le texte ainsi recréé, parfois bien éloigné des paroles originelles, donne alors une forme acceptable aux fantasmes infantiles, se faisant ainsi, par le travail inconscient qu'il provoque, le véhicule du désir.

Ce temps limité de l'interprétation d'une chanson est une convention, sans doute due à la forme poétique sur laquelle la chanson s'appuie. On peut supposer encore qu'elle nous soit parvenue comme un héritage du temps d'attention maximum dont se montre capable le tout-petit, soumis aux stimulations langagières. Quoi qu'il en soit, nous aurons tout avantage à considérer ce temps comme un compromis : en effet cette durée « suffisamment bonne » pour assurer notre plaisir et relancer notre désir (on ne se lasse pas de réentendre une bonne chanson) se situe entre le fugitif et l'infini.

Entre les trois notes significatives, le « gimmick » ou l'« intro », ces traits immédiatement reconnaissables, et le flux sans fin de la ritournelle qui s'éloigne de nous par l'artifice du shuntage, se situent donc ces « deux minutes trente-cinq de bonheur » dont nous régalaient un couple légendaire, issu des familles amies de la chanson et de la psychanalyse : Sylvie Vartan et Carlos Dolto !

XVIII

Qu'on est bien, dans les bras,
D'une personne du sexe opposé...

Plaisir d'amour ne dure qu'un moment
Chagrin d'amour dure toute la vie.

J'ai tout quitté pour l'ingrate Sylvie,
Elle me quitte et prend un autre amant.
Plaisir d'amour ne dure qu'un moment,
Chagrin d'amour dure toute la vie.

« Tant que cette eau coulera doucement
Vers ce ruisseau qui borde la prairie,
Je t'aimerai », me répétait Sylvie,
L'eau coule encor, elle a changé pourtant.

Plaisir d'amour ne dure qu'un moment,
Chagrin d'amour dure toute la vie.

Florian / Martini.

« C'est notre chanson... »

Quand il semble que les mots ne suffisent plus et qu'ils appellent un au-delà de leur pouvoir d'évocation, quand ils cèderaient volontiers la place aux cris, aux pleurs ou à la plainte, alors la chanson vient à leur secours. Elle a déjà rempli un office comparable au moment du franchissement des épreuves initiatiques de la vie du petit d'homme, elle l'a soutenu dans sa rencontre avec les aspects problématiques de son existence : elle continuera à remplir ce rôle en mettant en rimes les émois les plus tendres, comme elle a mis en forme les angoisses les plus aiguës.

Peut-on imaginer parler de chanson sans parler de chanson d'amour ? Fidèle, tout au long d'une vie, au rendez-vous de la nostalgie ou du sourire, la chanson ne manquera certes pas celui de la relation amoureuse. En effet, si le temps qui passe est un sujet de choix pour le répertoire chansonnier, que dire alors de l'amour qui, dès l'origine, fut la source privilégiée d'inspiration des auteurs et fournit matière à des dizaines de milliers de chansons, du Moyen Age jusqu'à nos jours ?

Combien de flammes se sont déclarées par l'intermédiaire d'une chanson d'amour et combien de couples émus à l'écoute d'un titre se sont murmuré, les yeux dans les yeux : « C'est notre chanson... » ! Cliché, certes, mais néanmoins porteur d'une vérité : si amour et nostalgie s'unissent dans ces moments intimes où les amants se retrouvent au rythme d'une mélodie, c'est que ces deux dimensions sont *par essence* les composantes d'une chanson sentimentale. Ceci ne doit pas nous étonner, car, au même titre que l'introduction au langage, les tendres sentiments furent les premiers à être médiatisés par la musique ; plus tard c'est la musique encore qui bercera de ses harmonies la rencontre amoureuse. Freud nous a appris que les émois adultes sont marqués de l'empreinte indélébile des premières expériences affectives de l'enfance, voilà qui n'y fait pas exception.

Toutes les pulsions qui portent l'homme à la rencontre de l'objet, pulsions sexuelles, épistémologiques (pulsions qui ont pour objet la connaissance), agressives, pulsions de mort même, trouvent leur première expression en musique avec les chansons enfantines, les chansons éducatives, les berceuses et le folklore obscène. Ainsi l'amour en chanson sera-t-il conjugué à tous les temps : à la manière du scénario fantasmatique dont nous avons vu, avec Freud, qu'il se formule toujours sur le mode d'un jeu grammatical — sujet, verbe, complément d'objet —, la chanson, avec son immuable alternance — introduction, couplet, refrain —, modèle de façon mélodieuse la rencontre de l'homme avec son désir.

La chanson en effet sied à l'amour : l'adolescent frileux fait parvenir à sa bien-aimée le disque d'un chanteur qui dit à celle-ci les mots tendres qu'il n'a pas osé prononcer en sa présence, l'homme et la femme enlacés sur la piste de danse tanguent en mesure sur la mélodie qui présida à leur première rencontre. Trois notes, tout simplement, et ressurgit l'émotion d'un regard consentant, d'une main cherchée dans le noir, retrouvailles avec les débuts d'une histoire d'amour, d'une *romance* selon le terme consacré, qui dit si bien ce que les sentiments ont à voir avec la chanson.

Nous l'avons vu, amour et nostalgie sont par définition les thèmes de prédilection de la chanson et on les y retrouve intimement liés. En effet, restant fidèles à notre hypothèse de départ, nous pouvons considérer la forme musicale de la chanson elle-même comme un écho de la mélodie qui a accompagné nos échanges tendres, nos sentiments fusionnels avec nos premiers objets d'amour, objets dont nous gardons, pour le restant de nos jours, la nostalgie.

La nature des sentiments humains n'est pas d'être univoque, ils se distinguent plutôt par leur complexité et ceci dès l'origine : la chanson s'en trouve de ce fait marquée. Nous avons vu plus haut que la berceuse, qui pouvait paraître l'expression sans ambiguïté de l'amour maternel, recelait parfois, dans ses doux accents mêmes, la dimension de la mort, témoignant ainsi de l'ambivalence inhérente à l'expression de l'affectivité humaine. Il se produira un phénomène d'un ordre semblable pour les chansons d'amour, et les plus réussies devront leur succès à un mélange intime de sentiments heureux et douloureux.

Si nous pensons précisément à la plus célèbre d'entre elles, dont la popularité ne faillit pas et qui demeure à ce jour la plus connue des chansons d'amour françaises, *Les feuilles mortes*, de Prévert et Kosma, celle-ci nous apparaît comme répondant en tous points à ces exigences. Elle constitue de ce fait un prototype de la chanson d'amour, prototype qui pourrait même s'élargir à celui de toute chanson réussie.

Oh ! je voudrais tant que tu te souviennes
Des jours anciens où nous étions amis
En ce temps-là la vie était plus belle
Et le soleil plus brûlant qu'aujourd'hui...

Existe-t-il meilleure définition de la nostalgie que cette description d'un paradis à jamais perdu, de cette proximité autrefois brûlante avec un corps, astre symbolique qui s'éloigne, l'automne des sentiments venant ?

Les feuilles mortes se ramassent à la pelle
Les souvenirs et les regrets aussi...

La dimension de la métaphore est dans ce passage exposée à l'évidence, le passage du réel au symbolique se faisant en deux phrases limpides, où la mort et le temps passé se conjuguent autour d'une expression triviale, « se ramassent à la pelle », élevée dans l'instant à la dignité d'image poétique.

Tu vois, je n'ai pas oublié
La chanson que tu me chantais
C'est une chanson qui nous ressemble,
Toi qui m'aimais, moi qui t'aimais...

C'est la définition même de la chanson qui nous est donnée dans ce couplet, en trois points précis : inoubliable, objet d'identification (« ... une chanson qui nous ressemble, ... ») et ayant le pouvoir de sceller à jamais, dans le souvenir, un moment du passé lié à un sentiment amoureux. De plus, utilisant une image simple et forte, celle des feuilles d'automne, la chanson de Prévert et Kosma fait passer en douceur les évocations, qui pourraient paraître violentes, de la mort et de la décomposition.

N'oublions cependant pas qu'il s'agit ici d'une chanson, non d'un poème, et que la musique qui accompagne le texte évocateur n'est pas pour rien dans le succès de ces *Feuilles mortes* avec sa série de phrases suspensives, appelant une résolution qui tarde à venir, et qui se concluent dans le balancement alangui du refrain où immanquablement l'introduction du rythme fait surgir la dimension de la répétition. C'est donc encore une fois du côté de la redondance — dans le texte et dans la musique — qu'il nous faudra chercher les raisons de la forte impression produite sur nous par cette œuvre, dont la particularité est de présenter, en un exemple parfait, toutes les caractéristiques de la chanson et de receler, de surcroît, la définition même de cet art [1].

---

1. Le petit secret, la « figure dans le tapis », qui consiste en un trait particulier que nous relevons ici dans *Les feuilles mortes*, est sans doute à l'origine du succès d'une chanson. Il réside à la fois, nous le voyons, dans le texte et dans la musique de celle-ci, il s'appuie, lorsqu'elle est réussie, sur la correspondance intime qui se tisse entre les deux. Pensons à *L'âme des poètes* et à la liste de ses « longtemps » que l'interprète amateur est tenté de prolonger (faites-en l'expérience) tant il y est invité par le thème de la chanson et par sa mélodie. Pensons aussi à *La bicyclette* où la nostalgie adolescente trouve son écho dans une musique qui évoque irrésistiblement l'effort du pédalage (« Quand nous allions sur les chemins... ») suivi du délicieux répit de la roue libre (« A bicyclette... »).

L'amour heureux ne fait pas recette dans l'univers de la chanson : pour être la plus célèbre, *Les feuilles mortes* ne peut pour autant nous faire oublier que la plupart des chansons d'amour voient plaisir, nostalgie et souffrance tresser leurs liens indéfectibles, signant de ce fait leur parenté étroite avec la chanson des origines, celle qui présida à la venue de l'enfant au monde.

L'interprète privilégié de la chanson d'amour, celui qui en délivre le message nostalgique, qui en exalte l'ivresse et la douleur, c'est le chanteur de charme, appelé dans la tradition anglo-saxonne le « crooner ». Pour toucher le cœur de son public, féminin essentiellement, celui-ci doit répondre à un certain nombre de critères, et l'on imagine bien que son apparence, qui se doit d'être en harmonie avec son répertoire, ne peut verser du côté de la jovialité ou de la bonne santé triomphante ! Le plus célèbre de ces interprètes, Frank Sinatra, fut d'ailleurs caricaturé par Tex Avery dans l'un de ses dessins animés, *Little Tinker (Le putois amoureux)*, où l'on peut voir le chanteur sous la forme d'un jeune putois anémique devenu crooner, recevant une transfusion sanguine, chantant sous un masque à oxygène, puis dans un poumon d'acier, devant un parterre de spectatrices en transe ! Sans aller jusqu'à une parodie aussi débridée il faut cependant reconnaître que le crooner fait partie d'une espèce à part, sur laquelle la mode et le temps n'ont pas de prise, et qui mérite une attention particulière. Qu'y a-t-il de commun en effet, pour ne citer qu'eux, entre des chanteurs comme Bing Crosby, Dean Martin, Frank Sinatra ou Julio Iglesias ? Tout d'abord un trait d'uniformité, qui les distingue radicalement des autres interprètes, lesquels cultivent et exacerbent leurs traits distinctifs, qu'ils soient vestimentaires, gestuels, vocaux ou capillaires. Le crooner, quant à lui, arbore un style délibérement classique, voire hors du temps : smoking, nœud papillon, coiffure lisse, présentation scénique excluant tout geste inutile au profit d'un maintien statique et d'une grande proximité avec le micro utilisé comme une oreille confidente. Parfaitement détaché du corps de l'interprète, pour ne pas dire désincarné, le timbre de velours de sa voix, aux modulations mélancoliques et graves, est sans pareil. Ainsi Frank Sinatra, certainement le plus fameux des crooners, fut-il surnommé, par le public et la critique, *The Voice*, ce qui le réduisait à son seul organe vocal.

Contrairement aux chanteurs de pop-music à la présence physique explosive, adoptant des tenues provocantes sur des scènes immenses, à grand renfort d'effets lasers et de fumigènes, jetant, comme Johnny Hallyday, leur chemise au public, ou exhibant leur sexe au cours d'un concert, comme Iggy Pop, le crooner, tout à l'inverse, confisque son corps à son auditoire en revêtant la tenue intemporelle de la tradition et en focalisant l'attention de ses spectatrices sur le seul charme de sa voix, qui leur distille des succès indémodables. Ici se situe la différence essentielle entre l'impact du chanteur pop et celui du crooner sur le public. Cette distinction s'appuie sur le fait que le chanteur pop s'adresse à un public jeune, dans lequel les deux sexes sont représentés à part égale, alors que l'audience du crooner se compose d'une majorité de femmes, d'un âge plus mûr. Nous avons pu voir que le phénomène qualifié d'« hystérie collective » qui atteignait les foules adolescentes face à leurs idoles portait les traits significatifs de l'identification et de la régression à un stade pré-œdipien, se fixant sur un parent indifférencié, et ceci sur un mode comparable à celui obtenu par l'hypnose. Il en est autrement en ce qui concerne le phénomène « crooner » : ce chanteur, dont l'identité sexuelle ne fait pas de doute, est plus inaccessible encore que le chanteur pop dont la tenue et la voix — aussi ambiguës soient-elles —, l'apparence et le corps même, se prêtent à l'identification : imitation vocale, copie de sa tenue vestimentaire ou de sa coiffure par son jeune public. Les admiratrices du chanteur de charme, au contraire des groupies d'une vedette pop, ne copient pas leur idole mais sont plutôt, face à lui, dans une position d'attente, les yeux mi-clos, passives et portées par le charme de sa voix.

Demandons-nous à quoi rêve la petite fille qui dort chez toute auditrice du chanteur de charme, et nous obtiendrons peut-être un début de réponse à la question que nous pose le succès de cet indémodable séducteur. La fillette, au plus fort de ses sentiments œdipiens, a connu des fantasmes troublants. Ils étaient inconscients lorsqu'il s'agissait de son désir d'un enfant, cadeau du père qui viendrait réparer l'injustice criante que représentait pour elle le fait d'être privée de pénis. Ils jouaient de façon consciente lorsqu'elle formulait son désir romantique d'une union avec celui qui se posait comme l'homme de sa vie et lorsqu'elle recherchait de façon systématique un contact physique tendre avec lui. Seul ce dernier désir pouvait se réaliser : sur le mode du câlin, ou bien encore de l'échange vocal affectueux où la fillette venait se blottir dans la chaude voix paternelle. Une situation semblait même pouvoir combler ses vœux : celle où son père, la tenant dans ses bras, la faisait danser au son d'une musique douce, en lui chantant les paroles à l'oreille, provoquant en elle un émoi intense auquel participaient la proximité de la voix aimée et le balancement érotisé du corps.

Nombre de petites filles ont ainsi, réellement ou en rêve, ouvert un bal avec le premier objet de leur désir. Cette scène, que nous pourrions qualifier de primitive, est sans doute celle que revit la fillette devenue adulte, lorsque la voix tendre et chaude du crooner la fait vibrer, à l'écoute d'un disque, ou mieux encore, sur une piste de danse. L'homme inaccessible qui la berce de sa voix, vêtu des habits de fête qui donnaient à son père, lorsqu'il se préparait à sortir avec sa mère, l'apparence d'un prince, l'homme qui lui dispense les bienfaits d'une mélodie destinée à toutes les autres, donc à une *autre* imaginaire, lui offre une intimité dans laquelle, sans crainte, elle peut entrer. Cet homme-là, le crooner nostalgique, réduit à sa seule voix, si proche, lui chante la chanson de l'inceste, un inceste sans culpabilité, vécu dans l'abandon et le plaisir.

Inceste de citron
Lemon incest
Je t'aime, t'aime je t'aime plus que tout

Papapappa

L'amour que nous n'f'rons jamais ensemble
Est le plus rare le plus troublant
Le plus pur le plus enivrant

Exquise esquisse
Délicieuse enfant
Ma chair et mon sang
Oh mon bébé mon âme....

Serge Gainsbourg.

XIX

Sur ma Remington portative
J'ai écrit ton nom, Laetitia :
L, a, e dans l'a, t, i, t, i, a...

Vous qui voulez des chansonnettes,
Venez, venez en faire emplette,
Filles et garçons ;
Fermez la bouche, ouvrez les oreilles :
Chansons, chansons !

Charles Favart / Valois d'Orville.

Écrire une chanson

Tout au long de ce livre nous avons eu l'ambition, avec l'aide de la psychanalyse, d'examiner la chanson sous ses aspects les plus divers : nous avons pu voir quel rôle structurant elle joue pour l'homme, de sa conception jusqu'à la fin de sa vie, comment elle soutient celui-ci et l'accompagne dans les épreuves qu'il peut y rencontrer. Parvenus à ce point nous sommes amenés à considérer *la chanson* comme une fonction psychique, essentielle à l'être parlant dans son développement, et *les chansons* comme la forme sous laquelle cette fonction se manifeste.

Présentes du premier au dernier jour de notre existence, les chansons qui nous entourent sont devenues pour nous aussi naturelles, aussi indispensables que l'air que nous respirons. Le fait qu'elles soient au service d'une fonction qui nous est propre, leur évidence même ainsi que la façon dont nous nous les approprions, voilà qui pourrait nous faire oublier qu'elles sont œuvres de créateurs.

Ces chansons, qui courent encore dans les rues « longtemps après que les poètes ont disparu », ces chansons qui nous ressemblent, qui nous suivent ou nous précèdent sur les chemins de la vie, nous avons en effet le sentiment confus qu'elles ont toujours appartenu à notre histoire. Il nous est difficile de repérer leur acte de naissance : elles nous ont été transmises, elles nous ont séduits, nous les avons chantées lorsque nous étions enfants, ou bien encore elles sont apparues un beau jour sur les ondes pour ne plus nous quitter, familières dès la première écoute. Intimement liées à la voix du chanteur qui nous les fit découvrir, nous avons souvent ignoré qui les avait écrites (sauf quand il s'agissait de l'interprète lui-même), tant elles nous semblaient portées par l'air du temps. Contrairement à toutes les autres productions artistiques, littéraires, picturales ou cinématographiques, indissociables du nom de leur auteur, une chanson nous parvient comme une graine portée par le vent, elle se pose là et fleurit sur toutes les lèvres : venue on ne sait d'où, elle appartient aussitôt à chacun.

Et pourtant, aussi loin doit-on remonter dans l'histoire pour certaines d'entre elles, il y eut un acte qui présida à la naissance de ces chansons : un artiste, saisi par l'inspiration, nous a légué ces refrains qui ne nous ont plus lâchés. Cet art si particulier, inséparable des origines de l'homme et du langage, est issu, comme toute production artistique, d'un acte créateur qui l'a lancé à la conquête du monde. Cet acte porte-t-il la marque de la spécificité de sa production, est-il en cela original ?

La nature de la chanson, sa brièveté et son caractère inoubliable, son évidence même, marquent en effet l'acte créateur de celui qui nous les livre d'un caractère particulier n'appartenant qu'à lui et dont les traits prédominants sont de l'ordre de la surprise et du saisissement.

Dans un livre intitulé *Une chanson, qu'y a-t-il à l'intérieur d'une chanson ?* le chanteur Marcel Amont a recueilli les témoignages de nombreux auteurs, compositeurs et interprètes, sur la source de leur inspiration et sur les mécanismes à l'œuvre lors de la création de nombreux succès de la chanson française. Cette somme d'anecdotes et d'interwiews, visant à cerner ce que l'auteur du livre appelle la « magie » ou le « mystère » de la création, apporte quelques informations précieuses. En effet, contrairement à la lente élaboration présidant à l'écriture d'un roman, à la conception d'un film ou à la construction d'un tableau, c'est la dimension de l'urgence qui est, dans le cas de la chanson, le plus souvent mise en avant dans les propos des auteurs interrogés. Ceux-ci évoquent très rarement leur travail comme relevant d'une lente maturation ou d'une savante élaboration mais font plutôt état d'une inspiration brusque les saisissant et les obligeant, toutes affaires cessantes, à jeter sur le papier l'idée mélodique ou les quelques mots qui les ont visités, venus « d'ailleurs » et qui ne tarderaient pas, sans cela, à reprendre aussitôt leur envol.

S'il existe, comme nous l'avons vu, un « temps logique » de la chanson en définissant la durée et l'impact, il apparaît que ce temps est également à l'œuvre dans la composition de celle-ci et qu'il marque l'acte créateur chansonnier du sceau de la précipitation. Une chanson, nous le savons, consiste en un refrain et trois ou quatre couplets, mais en fait c'est dans l'instant que nous la reconnaissons, lorsqu'elle s'impose à nous par sa « petite phrase », pour reprendre l'expression de

Proust. C'est dans l'instant, de la même manière, qu'une chanson voit le jour : les trois notes qui la définissent sous la forme d'un « trait unaire » s'imposent à leur auteur d'une façon tout aussi soudaine qu'à l'auditeur, et les témoignages abondent qui vont dans ce sens. Ainsi c'est face à la fenêtre d'un train qui chemine entre la mer et l'étang de Thau que Charles Trenet est saisi par les premières phrases qui donneront naissance, le soir même, à son immortel succès *La mer*. Le « fou chantant » disait d'ailleurs : « Ce n'est pas moi qui choisis mes chansons. Ce sont elles qui me choisissent », donnant à son inspiration un caractère médiumnique. Henri Betti raconte comment lui sont venues les premières notes de sa plus célèbre chanson *C'est si bon* : « Juste devant un magasin de dessous féminins me viennent trois petites notes, suivies de six autres... je reviens chez moi et je développe au piano ma phrase musicale. » Hubert Giraud livre un témoignage du même ordre sur la naissance de son tube international : « J'ai commencé à fredonner des paroles et une musique qui faisaient "O mamy, mamy blue". Je l'ai chantée comme si quelqu'un me la soufflait à l'oreille. » Henri Salvador, à son tour, évoque sa collaboration avec Bernard Dimey sur leur chef-d'œuvre *Syracuse* : « Je lui joue une mélodie au piano. Il se met à écrire, à écrire, il avait fini les paroles avant que j'aie fini la musique ! » Francis Lemarque a cette formule remarquable pour parler de son inspiration : « La chanson ! Elle entre en moi par effraction, se blottit dans un coin de ma mémoire. Et puis je l'oublie. Mais quelque temps après, comme par enchantement, elle reparaît... La voilà revenue jusqu'à moi ; c'est à partir du moment magique de nos retrouvailles que nous devenons inséparables. » Comment ne pas penser ici à la formule de Lacan pour lequel « toute trouvaille est avant tout retrouvaille » ? Mireille, dans le même livre, raconte comment lui vint son célèbre *Couchés dans le foin* : « D'où vient cet air ? Pourquoi cet amalgame de notes que j'improvisais inconsciemment ? Ma main gauche accompagnait instinctivement la mélodie que trouvait ma main droite. Comment le tout s'était-il regroupé pour devenir chanson ? Est-ce mon oreille qui avait choisi ? Mon subconscient ? » Alice Dona, à propos de *Je suis malade*, nous confie : « Mes doigts allaient tout seuls sur le piano et ça devenait une mélodie dont je me demandais après coup si c'était bien moi qui l'avais écrite. Ça c'est mis à chanter du début à la fin... » Julien Clerc : « On est visité tout d'un coup et on trouve cette chose qui vient je ne sais d'où. » Et le grand Léo Ferré, enfin : « Je suis dicté. Je copie cette voix qui m'arrive de là-bas et je la reconnais chaque fois. Je suis le porte-parole d'un monde perdu, présent pour moi. » Ces précieux témoignages nous disent à quel point la création de chansons obéit à des critères originaux, parmi lesquels figurent en tête l'urgence ou le sentiment d'altérité, critères que l'on peut certes retrouver dans d'autres formes artistiques, mais sans la dimension radicale qu'ils prennent ici.

Freud nous a montré dans ses *Essais de psychanalyse appliquée,* dans *Un souvenir d'enfance de Léonard de Vinci* ou dans *Délire et rêves dans la Gradiva de Jensen*, ouvrages qui traitent tous de l'interprétation psychanalytique des œuvres d'art, comment pouvait se déchiffrer la problématique inconsciente d'un artiste à travers son œuvre, problématique héritée des aspérités de son histoire individuelle que les mécanismes de la sublimation ont transmuée en or pur. Dans toute création artistique la dimension inconsciente est présente et dicte, par le biais de cette élaboration, sa forme à chaque œuvre : dans le cas précis de la chanson elle impose sa présence d'une façon plus proche encore. Son aspect saisissant, immédiat, la rattache à celles des formations de l'inconscient que l'on rencontre le plus fréquemment, et qui sont décrites par Freud dans sa *Psychopathologie de la vie quotidienne* : le lapsus ou l'acte manqué. Souvenons-nous que ces deux accidents de la vie psychique sont ceux qui donnent au désir inconscient l'occasion de s'exprimer de la façon la plus directe, voire la plus brutale, surgissant comme intrus dans le discours ou dans les actes de la vie courante. Contrairement au symptôme qui a, quant à lui, suivi des voies associatives complexes avant de se constituer comme tel, ou au rêve, qui résulte d'une élaboration subtile visant à le rendre opaque, le lapsus et l'acte manqué se signalent par leur immédiateté, à la manière d'une brèche dans laquelle le désir inconscient se serait engouffré. On peut d'ailleurs, en ce sens, les rapprocher du mot d'esprit qui se caractérise lui aussi par son aspect sidérant.

L'œuvre d'art, fruit de la sublimation dans la logique freudienne, serait issue d'un processus d'élaboration proche de ceux qui donnent naissance au symptôme ou au rêve. L'originalité de la création chansonnière, sa proximité avec un jaillissement inconscient, la situent en revanche du côté de l'acte manqué ou du « witz ». A en croire les propos tenus par les plus grands créateurs de chansons, leur inspiration se manifesterait sur un mode identique à celui de ces formations de l'inconscient, et leurs œuvres leur seraient venues « d'ailleurs », « par surprise » ou comme soufflées « par un autre ». Ceci nous renvoie aux caractéristiques mêmes du mot d'esprit dont l'auteur est le premier saisi, ou du lapsus et de l'acte manqué qui semblent, à celui qui les commet, étrangers à lui-même.

Nous avons vu à quel point la chanson, dans sa forme même, représente la forme la plus originaire d'expression : dès avant la naissance elle modèle la rencontre de l'homme avec le langage. Nous trouverons sans doute dans cette particularité l'explication du trouble singulier qui saisit le compositeur, lorsqu'il est visité par les mots ou par la mélodie qui vont donner naissance à une chanson. Que celui-ci nous confie qu'il est « dicté » par sa composition ou « choisi » par elle, obéit à une logique certaine qui ne doit rien à la magie ou à la transe médiumnique. En effet, la nature de cette inspiration puise sa singularité dans les mécanismes qui ont présidé aux débuts de la vie et aux toutes premières perceptions de l'enfant à naître. L'immédiateté typique de la création chansonnière porte en elle la marque des origines ; le surgissement de la trouvaille surprenant l'artiste et le poussant à la précipitation est frappé du sceau de l'inconscient tant il se trouve en prise directe avec des ressentis et des contenus qui ont précédé le refoulement originaire, opportunité qui lui est fournie par la nature même de la chanson. On ne s'étonnera donc pas que l'inspiration, à ce niveau, puisse se présenter comme une ouverture soudaine sur des représentations enfouies, à rapprocher des formations de l'inconscient les plus saisissantes. L'auteur d'un mot d'esprit rit tout autant que son auditoire de sa propre production, le lapsus saisit celui qui le commet comme si une parole étrangère s'était introduite par effraction dans son discours, l'acte manqué surprend celui qui l'effectue comme si la main d'un autre s'était emparée de la sienne et l'avait guidée.

Là apparaît la seconde dimension, l'altérité, celle qui fait dire aux auteurs qu'une voix leur a soufflé leur composition à l'oreille, ou que celle-ci est l'œuvre d'un mystérieux autre. Que l'on repense à la mélodie entendue dans la période pré-natale et aux paroles venues se greffer sur elle dans un second temps, celles-ci ont incarné pour le jeune enfant l'empreinte indélébile de l'*autre parental,* présent en lui, à l'origine, sous une forme très proche de celle d'une chanson. En ce sens l'invention d'une chanson est bien une retrouvaille avec cet autre des débuts de la vie, un rendez-vous avec les premières perceptions d'un univers langagier extérieur, et son créateur peut tout à fait légitimement l'évoquer comme soufflée par une voix étrangère à lui-même.

Nous l'avons déjà dit, on chante les chansons du chanteur, on ne peint pas les tableaux du peintre. Il existe de ce point de vue, dans le domaine chansonnier, une particularité que l'on ne retrouve nulle part ailleurs. Il apparaît en effet que, face à la chanson, l'auditeur et le créateur se trouvent dans une position quasi identique, la ritournelle (de l'italien ritorno, retour) s'imposant à eux deux sur le même mode, dans la précipitation, comme retour d'un contenu lointain, avec sa dimension de retrouvailles, de déjà entendu, son aspect familier et neuf à la fois l'apparentant à quelque « inquiétante étrangeté [1] ».

1. Ce terme d'« inquiétante étrangeté » a été utilisé par Freud pour définir le sentiment que l'on peut ressentir lorsqu'une perception, dans la réalité, entre directement en résonnance avec une

Pour l'auditeur, la chanson provient d'un autre, aisément identifiable, celui qui en est l'interprète et qui, du haut de la scène ou par la voie des ondes, lui dédie ses couplets. Le plaisir qu'il éprouve à s'approprier une chanson, à en apprendre le texte et la mélodie, à l'interpréter à sa manière, à s'y identifier enfin, témoigne d'un moment comparable à celui de l'apprentissage de la langue, où l'enfant fait siens les mots de l'autre, et en ce sens on peut comprendre que l'appétit du public pour de nouvelles chansons soit sans limites.

Pour l'auteur-compositeur, la démarche n'est guère différente : il reçoit dans l'instant une chanson, trois notes essentielles, sous la forme d'un message à lui adressé et qu'il lui reste à compléter. L'autre dont il s'agit pour lui, à la seule différence de l'auditeur, n'est pas identifiable, il est le messager de ce que Ferré appelle « un monde perdu ». Sans doute s'agit-il du monde des premières représentations, enfoui sous l'amnésie infantile, et les retrouvailles avec lui sont bien, ici également, de l'ordre d'un retour des toutes premières expériences de rencontre avec l'univers du langage.

Il existe, à ce propos, un phénomène caractéristique que l'on rencontre dans le domaine de la chanson plus que dans tout autre, et qui a conduit bien des auteurs à d'embarrassantes procédures, le plagiat[1].

---

représentation refoulée. D'une façon plus générale ce terme peut être employé pour toute situation où l'idée du « double » imaginaire semble prévalente, thème fréquemment exploité dans la littérature.

1. Dans les années soixante, Francis Blanche avait introduit une rubrique sur ce sujet dans l'une de ses émissions radiophoniques et il s'amusait à opérer des rapprochements entre diverses

Ce qui pourrait sembler ici simple accident de parcours se révèlera cependant, comme tout accident, riche d'enseignements et nous confirmera dans notre hypothèse d'une spécificité de la création chansonnière. Si dans le domaine littéraire on ne peut que s'incliner devant l'évidence de certains plagiats, il est en revanche plus hasardeux de mettre en doute l'honnêteté de compositeurs qui empruntent des phrases mélodiques à d'autres, précisément pour les raisons que nous avons mentionnées plus haut : les mécanismes mêmes qui donnent à toute création dans le domaine de la chanson un caractère de soudaineté et d'altérité peuvent en effet mener un artiste à s'approprier en toute bonne foi l'œuvre d'un autre, œuvre qui, par des chemins détournés, lui est revenue comme sienne.

La dimension de l'autre est donc, plus que partout ailleurs, présente dans le domaine de la chanson, essentiellement parce que celle-ci fut, pour l'être parlant, le support de ses relations inaugurales avec l'univers du langage à travers ses premiers objets d'amour, et parce qu'elle incarne la mise en forme originelle et mélodieuse de son désir. Si intimement liée à la parole, qui véhicule précisément le désir, la chanson a pour vocation de se transmettre : composée par un autre, chantée par un autre, pour un autre qui se l'approprie et s'y identifie, elle porte en elle la caractéristique de l'humain, telle qu'elle fut formulée par Lacan, à la suite de Hegel : « Le désir de l'homme, c'est le désir de l'autre. »

---

chansons qui présentaient des ressemblances mélodiques troublantes, mettant en cause des compositeurs qui apparaissaient alors comme grands consommateurs de « cervelles fraîches ».

XX

Let’s twist again...

Ex-fan des sixties,
Petite baby doll,
Comme tu dansais bien
Le rock and roll.

Ex-fan des sixties,
Où sont tes années folles ?
Que sont devenues
Toutes tes idoles ?

Où est l'ombre des Shadows,
Des Birds, des Doors,
Des Animals, des Moody Blues ?
Séparés Mac Cartney, Georges Harrison
Et Ringo Starr et John Lennon ;

Disparus Brian Jones,
Jim Morisson, Eddie Cochran,
Buddy Holly.
Idem Jimmy Hendrix, Otis Redding,
Janis Joplin, T. Rex, Elvis...

Serge Gainsbourg.

« Et maintenant... »

C'est un homme encore jeune qui écoute les informations du matin dans sa cuisine, devant un bol de café fumant. Le bulletin météo, « température sous abri... », annonce une journée maussade ; une musique sautillante accompagne une publicité vantant un stimulant pour la mémoire. Puis on entend un vieux tube, *Pas cette chanson !* et un journaliste annonce que Johnny va fêter prochainement ses cinquante ans : l'inusable idole convie la foule de ses admirateurs au parc des Princes pour une série de concerts mémorables ! « Cinquante ans !... » L'homme à peine réveillé qui écoute le transistor repense à un non moins mémorable concert, place de la Nation, en juin 1963. Johnny déjà y rassemblait à ses pieds plus de cent mille jeunes... Il sourit à sa femme qui, rêveuse, écoute elle aussi : la musique de leur jeunesse, la vague irrésistible des années soixante qui a marqué leur adolescence font maintenant partie de l'histoire ! Ça ne les rajeunit pas de penser que ces précieux souvenirs servent aujourd'hui de thème à des livres cultivant la nostalgie...

Il y a quelques jours, parlant avec de jeunes collègues, l'homme déjà grisonnant qui soupire devant son poste a raconté qu'il faisait partie de ces spectateurs enthousiastes de l'Olympia qui découvraient la révolution musicale des Beatles, et il a lu dans le regard incrédule de ces jeunes gens un étonnement qui l'a un peu vexé : oui, il était déjà né à cette époque ! Dans leur sourire il s'est vu soudain vêtu de peaux de bêtes, comme ce jour où il a dit à sa fille cadette que lorsqu'il avait son âge la télévision n'existait pas encore !

Ces années excitantes sont si proches qu'il serait tenté de dire avec sérieux une banalité du style « comme le temps passe... ». Il se souvient que lui aussi souriait quand ses parents, des lumières dans les yeux, lui parlaient de Maurice Chevalier déguisé en clochard et chantant *Ma pomme*, ou de Mistinguett, la Miss, descendant le grand escalier du Casino de Paris aux bras de ses boys ! Une différence essentielle cependant le rassure un peu, c'est que la génération qui lui succède aime encore les vedettes qui ont marqué sa propre jeunesse et que les chansons de cet âge d'or sont encore sur toutes les lèvres : Johnny chante toujours, Françoise Hardy et Sylvie Vartan, France Gall, Julien Clerc, Eddy Mitchell plus que jamais, Claude Nougaro est au sommet, même le fantôme de Claude François danse encore sur les ondes, entouré de ses Claudettes...

Tout aurait donc été dit, musicalement, ces années-là ? Il se le demande en voyant partir sa fille aînée pour le lycée, le casque d'un baladeur bien en place sur les oreilles. Le dernier album des Rolling Stones vient de sortir, ils se produisent maintenant, infatigables quinquagénaires, sur des scènes immenses dans une débauche de décibels et de fumigènes, à des milliers d'années-lumière du cinéma de Brighton où il les vit pour la première fois. Jim Morisson est mort, John Lennon a été assassiné, mais les Beatles sont éternels et la grande jeune fille qui adresse à son père un signe affectueux connaît tous leurs titres par cœur, elle est même allée à Bercy écouter Paul Mac Cartney et elle a chanté en chœur *Yesterday* avec un public de l'âge de ses parents.

Si son cœur bat au rythme des années soixante, la jeune fille vit aussi avec son temps : elle aime ces fous de Rita Mitsouko, le hard-rock, la techno, le rap où le texte revient en force, scandé aux dépens de la mélodie (primo le parole...). Désabusé, son père l'a vue chausser les semelles compensées que portaient ses petites amies de l'époque, convoiter le pantalon patt'd'éph qui fleurit à nouveau dans les vitrines, et il se dit que les chemises indiennes ne vont pas tarder à faire leur come-back !

Le Teppaz a été détrôné par la stéréo, puis les chaînes hi-fi, devenues « midi », se sont enrichies du lecteur de disques compacts, le baladeur s'est trouvé un frère dans le discman, les rumeurs de la ville ont été remplacées par une musique de fond distillée par des écouteurs qui font partie de l'habillement de la jeunesse, au même titre que le jean fendu aux genoux et le sac à dos. L'ère de l'image a promu le clip, produit amélioré du scopitone, qui enveloppe toute nouvelle chanson d'un film au rythme stroboscopique. Les temps ont changé mais la chanson est restée, inusable, première au hit-parade de l'audience : un nouveau support indestructible, cette galette d'argent aux reflets irisés, lui assure même l'éternité.

Le petit garçon qui écoutait Line Renaud dans la salle à manger de ses grands-parents est devenu un homme mûr qui surveille avec inquiétude les progrès de sa tonsure, les études de ses enfants, et qui se surprend à porter sur la jeunesse les mêmes jugements péremptoires que ses aînés. Il a cependant la joie de partager certains soirs avec sa grande fille le plaisir de la découverte du nouveau Souchon ou du nouveau Julien Clerc, il chante avec elle les chansons de Gainsbourg et s'émerveille encore, avec la cadette, de l'humour piquant et poétique d'Anne Sylvestre.

Sous le pont Mirabeau la Seine a coulé, emportant des souvenirs, des amis, des parents. Grand-mère a depuis longtemps quitté ce monde, mais lorsque le père de famille qui n'a pas vu le temps passer se remémore la douce vieille dame, celle-ci lui chante encore, d'une voix qui lui parvient couverte de grésillements et de crachottements, son répertoire de café-concert. Alors, dans l'ombre d'un pavillon de banlieue un poste de T.S.F. s'allume et, mystérieux et translucide, l'œil vert adresse au petit garçon son clin d'œil complice.

Disparus, Mort Shuman,
Joe Dassin, Mike Brant,
Michel Berger.

Idem Claude François, Dalida,
Serge Gainsbourg...

Épilogue

Ce soir je peux bien vous le dire,
Ma plus belle histoire d'amour, c'est vous...

Barbara.

« Moi, j'aime le music-hall »

Il pleut sur le boulevard des Capucines. Devant l'Olympia, c'est un ballet de parapluies noirs, luisants, serrés les uns contre les autres sous les grandes lettres de néon rouge. Taxis en maraude, bus, automobiles passent en file devant le music-hall dans un bruit mouillé, troué par l'appel des avertisseurs. Les essuie-glaces battent la mesure, et pour un peu, comme dans un film de Jacques Demy, on s'attendrait à ce que tout ce monde pressé s'interpelle en chantant.

Les parapluies se referment et se secouent en face du guichet du vestiaire. Les photos des artistes, style Harcourt, souhaitent la bienvenue au public, le bar offre déjà ses rafraîchissements, les ouvreuses leurs programmes. Doucement les spectateurs emplissent le parterre, face au rideau rendu plus rouge encore par l'éclat des projecteurs, rouge comme les murs, comme les fauteuils, comme le nom même de la vedette, affiché au fronton du théâtre.

Cette attente bruissante est une invitation au voyage : on a comparé bien des fois la salle de spectacle à un navire qui, toutes voiles dehors, embarque ses passagers pour une croisière de rêve. L'impatience avant l'appareillage fait frémir le public, cette foule disparate qui, le soir venu, ne fait qu'un et, tel un enfant, retient son souffle, attentive aux mouvements secrets du velours de l'avant-scène.

Le spectacle, on le sait, tient du miracle, et dans ces salles habillées de pourpre nous sommes conviés à l'éphémère. Fidèles au rendez-vous, nous applaudissons à tout rompre ceux qui nous entraînent de l'autre côté du miroir et nous font croire à l'impossible de ces corps en arabesque, de ces voix tendues jusqu'au contre-ut, de ces statues de chair ou de ces héros antiques ressuscités. Ces miracles prodigués par des artificiers de génie, nos yeux, redevenus des yeux d'enfants, veulent en être les dupes.

Le chanteur est-il déjà sur le plateau, épiant la salle par un œil secret du rideau, la surprenant dans ce moment qui précède le spectacle, prenant ainsi d'avance une revanche sur le regard du public ? Faut-il plutôt, en empruntant des couloirs obscurs, aller le découvrir dans sa loge, tandis qu'il fixe son reflet dans le miroir entouré d'ampoules, tapissé de télégrammes, le visage tendu sous le fard, non encore métamorphosé par la scène ?

Quoi qu'il en soit, le chanteur est déjà là, le music-hall ce soir porte sa signature de lumière, il est partout, dans les programmes feuilletés par des doigts fébriles, dans le regard de ceux qui l'attendent et qui projettent son visage sur le rideau gonflé par la brise. Sa voix familière flotte dans la salle, ses chansons vibrent, contenues dans les haut-parleurs, dans les murmures excités qui vont bientôt les reprendre en chœur. Le chanteur est prêt à bondir, tapi dans l'ombre rouge.

Dans les grands théâtres à l'italienne, aux balcons fleuris de stuc, la magie s'entoure d'un luxe de moyens, d'ors, de lumières, mais tout à côté, sur un plateau nu, elle se contente d'une chaise sur laquelle s'appuie parfois une guitare, d'un fond de velours noir qui figure l'épaisseur de la nuit et d'un suiveur qui délimite l'espace de son cercle blanc. Dans ce petit cirque sans fanfares et sans strass, sur une scène qui avale d'interminables rangées de fauteuils, s'inscrit la silhouette solitaire d'un chanteur qui nous salue bien bas et entonne sa chanson. Alors s'ouvre un univers aussi vaste que celui des splendeurs de l'opéra ou des bonheurs du théâtre : au music-hall pas de décors, pas de figurants en foule, seule une voix qui s'élève et remplit l'espace, une voix qui se suffit à elle-même, qui suffit à notre bonheur.

Et le charme opère, ce charme que seule la chanson possède, avec son pouvoir d'évocation à nul autre pareil et sa magie que n'épuiseront jamais — fort heureusement — les tentatives d'explication, fussent-elles psychanalytiques...

Une ouvreuse promène encore ses programmes, une autre conduit à leur place quelques retardataires. La tension monte dans la grande salle de l'Olympia, pleine à craquer : l'heure du rendez-vous a sonné et l'artiste se fait encore attendre. Dehors la pluie a cessé et les arbres humides, devant la façade du music-hall, s'embrasent de la lueur des néons. Enfin la musique éclate, le noir se fait, et les spectateurs surpris, d'une seule voix, poussent un cri de joie. Le rideau se déchire sur un orchestre scintillant qui déroule sa mélodie comme un tapis rouge. Dans ce refrain que tout le monde a reconnu le chanteur apparaît : dès les premières mesures, heureux, le public applaudit cette chanson qui lui ressemble.

C'est un poème de rien, trois notes, quelques mots jetés en passant, mais ils suffisent pour que le temps s'abolisse et, tandis que s'ouvre la parenthèse, ces visages si différents, l'espace d'un instant, s'illuminent du même sourire. Alors, sous les feux du music-hall, c'est le début d'une longue histoire d'amour en chansons, deux minutes trente-cinq d'un bonheur toujours recommencé.

C'est le visage blafard d'Yvette Guilbert, sa robe verte, ses longs gants noirs et sa voix grinçante qui détaille les couplets ironiques de ses succès. Avec elle, chantant sur le talus des fortifications ou dans les profonds canapés bourgeois, ce sont les femmes battues et les maris trompés, les glorieuses, les indignes, les pochardes et les pierreuses.

Consumée par sa voix immense, c'est la silhouette douloureuse de Piaf, cernée par les projecteurs, mains nouées sur sa petite robe noire, corps vacillant contre le zinc d'un bistrot banal à pleurer, qui fait chavirer le public au son de l'accordéon. La môme Piaf ouvrant grandes les portes de la rue où, sous la lueur des réverbères, souffrent les filles perdues. Et le public, prêt à croire en la rédemption, fait de cette petite femme torturée une sainte, auréolée de lumière, à bout de forces et inépuisable.

Les bras grands ouverts, rameutant l'espace, c'est Brel qui fait souffler sur la salle la houle des ports du Nord, qui répand dans les travées, avec l'haleine de la bière, le fumet généreux des moules et des frites, la tendresse des vieux amants, le désespoir des hommes et la force des femmes. C'est lui qui pleure, assis sur le trottoir de la rampe, qui éructe et qui jure, Brel dont la voix soudain caressante incarne, haïssables, nos faiblesses et nos veuleries, Brel dont la silhouette cassée emprunte à petits pas le chemin des vieux, des timides, des amoureux sans espoir et qui gueule sa rage, dressé contre le vent.

C'est Gainsbourg qui passe, « par hasard et pas rasé », devant la foule des enfants du siècle, murmurant, plus qu'il ne les chante, ses rimes assassines. Gainsbarre, virtuose des volutes et des arabesques de la langue, déjà au ciel dans la fumée bleue de ses Gitanes...

Et, à leur suite, défilant sur la scène, tous ces artistes qui jalonnent notre histoire en la faisant chanter, noms oubliés ou célèbres déroulant une affiche sans fin et veillant sur nous, dans ces tiroirs secrets de la mémoire où chacun de nos souvenirs sait trouver sa chanson.

Oh je voudrais tant que tu te souviennes,
Cette chanson était la tienne,
C'était ta préférée, je crois
Qu'elle est de Prévert et Kosma.

Cette chanson, Les feuilles mortes,
Te rappelle à mon souvenir,
Jour après jour mes amours mortes,
N'en finissent pas de mourir...

Serge Gainsbourg, *La chanson de Prévert.*

Bibliographie

AMONT, M., *Une chanson, qu'y a-t-il à l'intérieur d'une chanson ?*, Paris, Seuil,

BARRYE, J.-M., *Peter Pan*, Paris, Gallimard, 1988.

BARTHES, R., *La chambre claire*, Paris, Gallimard, 1989.

BOUTET DE MONVEL, M., *Chansons de France*, Paris, Gautier-Languereau,

BRAZELTON, T., *Les premiers liens*, Paris, Calmann-Lévy, 1991.

Bréviaire du carabin (Le).

BRUNSCHWIG, C., CALVET, J.L., KLEIN, J.C., *Cent ans de chanson française*, Paris, Seuil, 1981.

CAIN, J. et A., « Freud, absolument pas musicien », in *Psychanalyse et musique*, Paris, Les Belles Lettres, 1982.

CANTELOUBE, J., *Anthologie des chants populaires français*, Paris, Durand et Cie, 1951.

CARROLL, L., *Alice au pays des merveilles* et *De l'autre côté du miroir*, Paris, J.-J. Pauvert, 1961.

CASTARÈDE, M.-F., *La voix et ses sortilèges*, Paris, Les Belles Lettres, 1991.

CHAILLEY, J., *Anthologie des chants de trouvères*, Paris, Auguste Zurfluh.
Chansonnier du roi de Navarre, Bibliothèque de l'Arsenal.
COPPENS, Y., *Le singe, l'Afrique et l'homme*, Paris, Fayard, 1983.
CORDIÉ, A., *Un enfant psychotique*, Navarin Éditeur, 1987.
DADOUN, R., *Freud*, Paris, Belfond, 1992.
DAVID, M., DELRIEUX, A.M., *Aux sources des chansons populaires*, Paris, Belin.
DELEUZE, G., GUATTARI, F., *Mille plateaux*, Paris, Éditions de Minuit, 1980.
DE MIJOLLA, A. et coll., *Psychanalyse et musique*, Paris, Les Belles Lettres, 1982.
DE SAUSSURE, F., *Cours de linguistique générale*, Paris, Payot.
Dictionnaire historique de la langue française, Paris, Le Robert, 1992.
Dictionnaire de la psychanalyse, Paris, Larousse, 1993.
DUBOUT, *Chansons de salle de garde*, Paris, Éditions Michèle Trinckvel, 1991.
ERNAUX, A., *Journal du dehors*, Paris, Gallimard, 1993.
FEIJOO, « Le fœtus », in *L'aube des sens*, Paris, Stock, 1981.
FREUD, S., BREUER, J., (1895), *Études sur l'hystérie*, Paris, PUF, 1967.
FREUD, S., *Correspondance 1873-1939*, Gallimard, 1966.
— *Essais de psychanalyse appliquée*, Paris, Gallimard, 1976.

— *Délire et rêves dans la Gradiva de Jensen*, Paris, Gallimard, 1971.
— *Un souvenir d'enfance de Léonard de Vinci*, Paris, Gallimard, 1927.
— *Introduction à la psychanalyse*, Paris, Payot,
— *Le mot d'esprit et ses rapports avec l'inconscient* (1905), Paris, Gallimard, 1969.
— *L'interprétation des rêves*, Paris, PUF, 1967.
— *Psychopathologie de la vie quotidienne* (1901), Paris, Payot, 1967.
— *Trois essais sur la théorie de la sexualité infantile* (1905), Paris, Gallimard, 1962.
— *Psychologie collective et analyse du moi* (1921), Paris, Payot, 1962.
— *Métapsychologie*, Paris, Gallimard, 1968.
— *Totem et tabou*, Paris, Payot, 1980.
— « Des sens opposés dans les langues primitives », in *Essais de psychanalyse appliquée*, Paris, Gallimard, 1976.
— « Un enfant est battu », in *Névrose, psychose et perversion* (1919), Paris, PUF, 1973.
— « L'inconscient », in *Métapsychologie*, Paris, Gallimard, 1968.
— « Le moi et le ça », in *Essais de psychanalyse*, Paris, Payot.
— « Obsessions et Phobies », in *Névrose, psychose et perversion*, Paris, PUF, 1973.
— « Pulsions et destin des pulsions », in *Métapsychologie*, Paris, Gallimard, 1968.

— « L'inquiétante étrangeté », in *Essais de psychanalyse appliquée*, Paris, Gallimard, 1976.

— « Le président Schreber », in *Cinq psychanalyses*, Paris, PUF, 1954.

GAIGNEBET, C., *Le folklore obscène des enfants*, Paris, Maisonneuve et Larose.

GAY, P., *Freud, une vie*, Paris, Hachette, 1991.

GUILBERT, Y., *La chanson de ma vie*, Paris, Grasset, 1927.

— *La passante émerveillée*, Paris, Grasset, 1929.

— *Mes lettres d'amour*, Paris, Denoël, 1933.

— *Autres temps, autres chants*, Paris, Laffont, 1946.

— *Quarante-sept enregistrements originaux de 1897 à 1934*, Yvette Guilbert, EPM Musique, 1992.

JONES, E., *La vie et l'œuvre de Freud* (1953), Paris, PUF, 1970.

JUNG, C.-G., KERENYI, Ch., *Introduction à l'essence de la mythologie*, Paris, Payot.

KLEIN, J.-C., *Florilège de la chanson française*, Paris, Bordas.

LACAN, J., *Séminaire V* (1957-1958), « Les formations de l'inconscient », inédit.

— *Séminaire III*, « Les psychoses », Paris, Seuil, 1981.

— *Séminaire IX* (1962-1963), « L'identification », inédit.

— « Subversion du sujet et dialectique du

désir dans l'inconscient freudien », in *Écrits,* Paris, Seuil, 1966.
— « Fonction et champ de la parole et du langage en psychanalyse », in *Écrits* (1953), Paris, Seuil, 1966.
— « Le temps logique et l'assertion de certitude anticipée », in *Écrits,* Paris, Seuil, 1966.
— « D'une question préalable à tout traitement possible de la psychose », in *Écrits,* Paris, Seuil, 1966.

LAPEYRÈRE, J., « L'acte poétique et le nouage borroméen », *Bulletin de l'Association freudienne*, mai 1994.

LEROI-GOURHAN, A., *Le geste et la parole. II. La mémoire et les rythmes* (1965), Paris, Albin Michel.

LEROY, A., BALLARD, R., *Premier livre de chansons en forme de vau-de-ville*, Paris, 1573.

LÉVI-STRAUSS, C., *Le cru et le cuit*, Paris, Plon.

MALLARMÉ, S., « Crise de vers », in *Œuvres complètes*, Paris, Gallimard, La Pléiade.

PAPOUSEK, M. et H., « Musical elements in the infant's vocalization », in Lipsitt, L.P., *Advances in Infancy Research* (1981), Ablex Publishing Corporation, Norwood, New Jersey.

POE, E., *Histoires extraordinaires*, Paris, Librairie générale française, 1960.

PRÉVERT, J., *Tour de chant,* Lausanne, Clairefontaine, 1953.

REBATET, L., *Une histoire de la musique*, Paris, Laffont, 1979.

REIK, T., *Écrits sur la musique* (1953), Paris, Les Belles Lettres, 1984.

— *Variations psychanalytiques sur un thème de Gustav Malher*, Paris, Denoël, 1972.

ROBINE, M., *Anthologie de la chanson française*, Paris, Albin Michel.

ROUSSEAU, J.-J., *Essai sur l'origine des langues*, Paris, Gallimard, Pléiade.

SAKA, P., *La chanson française à travers ses succès*, Paris, Larousse.

« Le savoir musicien », *L'Ane*, n° 10, mai-juin 1983.

SERRES, M., *Esthétiques sur Carpaccio*, Paris, Hermann, 1978.

— *Genèse*, Paris, Grasset, 1982.

— *Les cinq sens*, Paris, Grasset, 1985.

STEEL, D., « L'amitié entre Sigmund Freud et Yvette Guilbert », *La Nouvelle Revue française*, mai 1982.

STRAUSS, R., KRAUSS, C., *Capriccio*, 1942.

THIS, B., « De la musique avant toute chose », in *L'aube des sens*, Paris, Stock, 1981.

TISSERON, S., « Le futur antérieur dans les photos de famille de B. Plossu », *La recherche photographique*, 1982.

VERLAINE, P., *Œuvres complètes*, Paris, Gallimard, La Pléiade.

WINNICOTT D.W., « L'objet transitionnel », *La Psychanalyse*, n° 5.

Remerciements

Merci à Alain Mery pour sa lecture amicale et critique, à Michel Archimbaud dont l'amitié fidèle a permis cette publication.

Merci à Éric Adda pour ses conseils et ses reformulations précieuses.

Table des matières

SOCIÉTÉ D'ÉDITION LES BELLES LETTRES

EXTRAIT DU CATALOGUE

Collection HISTOIRE (32 titres)

CHRISTOPHER R. BROWNING. Des hommes ordinaires. 320 p. + ill. 130 F
MOSES I. FINLEY. On a perdu la guerre de Troie. Propos et polémiques sur l'Antiquité. 240 p. 155 F
PIERRE GRIMAL. Les erreurs de la liberté. 200 p. 95 F
ARNALDO MOMIGLIANO. Les fondations du savoir historique. 198 p. 125 F
JEAN-MARIE PAILLER. Bacchus, figures et pouvoirs. 256 p. + ill. 180 F
CLAUDE SINGER. Vichy, l'Université et les juifs. 438 p. 160 F
NIKOLAÏ VOLKOV. La secte russe des castrats, précédé de **Communistes contre castrats (1929-1930)** par Claudio Sergio Ingerflom. 170 p. 140 F

Collection LA ROUE A LIVRES (28 titres)

DION CASSIUS. Histoire romaine. Livres 57-59. 208 p. 130 F
GEOFFROY DE MONMOUTH. Histoire des rois de Bretagne. 352 p. 140 F
JEAN DE MANDEVILLE. Voyage autour de la Terre. 330 p. 135 F
JORDANÈS. Histoire des Goths. 272 p. 135 F

Collection VÉRITÉ DES MYTHES (10 titres)

RÉGIS BOYER. La mort chez les anciens Scandinaves. 238 p. 140 F
JACQUELINE DUCHEMIN. Mythes grecs et sources orientales. 350 p. 175 F

Collection REALIA (16 titres)

ALAIN MALISSARD. Les Romains et l'eau. 342 p. 135 F
JEAN-NOËL ROBERT. Les plaisirs à Rome. 236 p. + ill. 120 F
VIOLAINE VANOYEKE. La prostitution en Grèce et à Rome. 176 p. 85 F

Collection L'INCONSCIENT A L'ŒUVRE

MARIA TOROK et NICHOLAS RAND. Questions à Freud. 284 p. 135 F

Collection ICONOCLASTES (26 titres)

CHARLES DANTZIG. Le style Cinquième. 243 p. 69 F
HENRIK IBSEN. Être soi-même. 178 p. 65 F
PHILIPPE MURAY. L'Empire du Bien. 215 p. 63 F
GEORGES PALANTE. L'individualisme aristocratique. Préface de Michel Onfray. 216 p. 75 F
LYSANDER SPOONER. Les vices ne sont pas des crimes. Avec une bio-bibliographie de l'auteur. 109 p. 59 F

Collection LE CORPS ÉLOQUENT (10 titres)

CHARLES BAUDELAIRE. Sur Richard Wagner. 143 p. 79 F
VICTOR HUGO. Le promontoire du songe. 194 p. 90 F
QUINTILIEN. Le secret de Démosthène. 76 p. 75 F
PHILIP SIDNEY. Eloge de la poésie. 144 p. 75 F

Collection ARCHITECTURE DU VERBE (4 titres)

PIERRE LARTIGUE. Un soir, Aragon... 156 p. 130 F

Collection SCIENCE ET HUMANISME (5 titres)

GALILÉE. Le messager céleste. 220 p. 230 F
JEAN KEPLER. Le secret du monde. 398 p. 235 F

Collection THÉÂTRE ANGLAIS DE LA RENAISSANCE (7 titres)

CHRISTOPHER MARLOWE. La tragique histoire du Docteur Faust. 172 p. 75 F
THOMAS MIDDLETON. Femmes, méfiez-vous des femmes. 272 p. 140 F
JOHN WEBSTER. La Duchesse d'Amalfi. 254 p. 135 F

Œuvres complètes de SHAKESPEARE. (38 titres)
Texte et traduction. 75 F le volume

Collection LAISSEZ FAIRE (9 titres)

DAVID FRIEDMAN. Vers une société sans État. 398 p. 165 F
FRANÇOIS LEFORT. La France et son droit. 228 p. 130 F

Collection L'ÂNE D'OR (5 titres)

LUC BRISSON et F. WALTER MEYERSTEIN. Puissance et limites de la raison. Le problème des valeurs. 238 p. 125 F

Collection AUX SOURCES DE LA TRADITION (6 titres)

Manuel de magie égyptienne. 166 p. 105 F
NICOLAS FLAMEL. Ecrits alchimiques. 128 p. 85 F
PTOLÉMÉE. Manuel d'astrologie. 277 p. 130 F

Collection LE CORPS FABULEUX (3 titres)

ANONYME. La France foutue. 184 p. 90 F
VIVANT DENON. Point de lendemain. 136 p. 75 F
LEON BATTISTA ALBERTI. Momus ou le prince. 250 p. 135 F

Collection LES CLASSIQUES DE L'HISTOIRE DE FRANCE AU MOYEN AGE (35 titres)

EGINHARD. Vie de Charlemagne. 152 p. 90 F
BERNARD GUI. Manuel de l'inquisiteur. Tome I. 266 p. 100 F. **Tome II.** 170 p. 100 F
GERBERT D'AURILLAC. Correspondance. Tome I. 316 p. 230 F. **Tome II.** 722 p. 300 F

ROMANS, ESSAIS, POÉSIE

COLLECTIF. Les Écrivains français racontés par les Écrivains qui les ont connus. 460 p. 155 F
COLLECTIF. Les poèmes d'amour les plus tendres. Choisis et présentés par Francis Lalanne. 288 p. Relié pleine toile. 129 F
MARTIN AMIS. Don Juan à Hull. 72 p. 59 F
CHARLES DANTZIG. Il n'y a pas d'Indochine. 254 p. 115 F
CHARLES DICKENS et WILKIE COLLINS : Voie sans issue. Roman. 248 p. 95 F
NATHALIE KAUFMANN. Le petit guide des grandes morts. 308 p. 95 F
PHILIPPE LÉOTARD. Pas un jour sans une ligne. 276 p. 79 F
GÉRARD MANSET. Aqui te espero. 160 p. Photogr. couleur. 280 F
DANIEL SHABETAÏ MILO. Clefs. 202 p. 115 F
CLAUDE POSTEL. John Dee. Le mage de la ruelle d'or. Roman. 366 p. 145 F
JACQUELINE DE ROMILLY. Tragédies grecques au fil des ans. 234 p. 125 F
PHILIPPE DE SAINT ROBERT. Montherlant ou la relève du soir. 321 p. 140 F
ROBERT LOUIS STEVENSON. Veillées d'Océanie. 190 p. 75 F

ALEXANDRE VIALATTE. Camille et les grands hommes. Roman. 307 p. 125 F
OSCAR WILDE. Aristote à l'heure du thé. 295 p. 120 F

DOCUMENTS

CLAUDE REICHMANN. Sécurité sociale : le vrai mal français. 206 p. 98 F

ENTRETIENS

JEAN BOTTÉRO. Babylone et la Bible. 320 p. 125 F

Œuvres complètes de GIORDANO BRUNO
(Texte et traduction. 4 titres parus)

Tome IV : De l'infini, de l'univers et des mondes. 424 p. 305 F

COLLECTION DES UNIVERSITÉS DE FRANCE
(698 titres)

ARISTOTE. Problèmes. Tome III, sections XXVIII-XXXVIII. 328 p. 330 F
ESOPE. Fables. 162 p. 170 F
OVIDE. L'Art d'aimer. 96 p. 135 F
PÉTRONE. Le Satiricon. 218 p. 215 F
TITE-LIVE. Histoire romaine. Tome XIX, livre XXIX. 400 p. 285 F.

Collection BIBLIOPHANE (4 titres)

La Bible (Torah, Nevihim, Ketouvim). Traduction de Samuel Cahen. 1280 p. 350 F
LÉON TZROKY et GIL WERN. Le livre de l'humour goy. 220 p. 75 F.

Éditions SORTILÈGES (9 titres)

Histoires de chats. 228 p. 130 F
Autres histoires de chats. 298 p. 130 F
Les deux volumes sous coffret : 260 F
Histoires de chevaux. 336 p. 130 F
PIERRE LOUŸS. L'Œuvre érotique. 1120 p. relié toile. 295 F

EN VENTE EN LIBRAIRIE

Société d'édition Les Belles Lettres
95, boulevard Raspail 75006 PARIS
Tél : 45.48.70.55.— Fax. : 45.44.92.88

Ce volume,
le deuxième
de la collection « L'inconscient à l'œuvre »
publié aux Éditions Les Belles Lettres,
a été composé
par Nord Compo 59650 Villeneuve-d'Ascq
et achevé d'imprimer
en décembre 1995
dans les ateliers
de Normandie Roto Impression s.a.,
61250 Lonrai.

N° d'imprimeur : I5-2518
N° d'éditeur : 3292
Dépôt légal : janvier 1996